交通事故外傷と後遺障害全322大辞典

I

精神・神経系統の障害／
頭部外傷・高次脳機能障害／
眼の障害

CD-ROM付　実際に等級を獲得した後遺障害診断書

交通事故110番
宮尾一郎 著
Miyao Ichiro

かもがわ出版

後遺障害診断書 30 例の解説

本CDには、実際に等級を獲得した 30 例の後遺障害診断書を収録しています。
また、それぞれに、立証のポイントなどの解説を付けています。

現実の交通事故では、複数の部位を受傷することが日常的であり、実際の後遺障害診断書を解説するとき、部位別に分類・整理することは不可能です。
そこで、すべての傷病名を明らかにして、大雑把に 7 つに分類しております。
その点をご理解いただければ、なによりの幸いです。

CD-ROM に収録した「実際に等級を獲得した後遺障害診断書」の分類は巻末総もくじの後に掲載しています。

は じ め に

私が初めて、『交通事故　後遺障害等級獲得マニュアル』を出版したのは 2005 年 3 月です。

2006 年 3 月には、『自動車保険　約款の解説・活用マニュアル』
2009 年 5 月には、『交通事故　後遺障害等級獲得マニュアル改訂増補版』
2011 年 5 月からは、『部位別後遺障害診断書』に取り組み、2014 年 8 月に全 6 巻を、その間の 2014 年 4 月には、『解決のための交通事故チェックリスト』を出版させていただきました。
これも、我慢強く待っていただいた、かもがわ出版のご協力の賜です。
心から感謝しています。

さて、私の NPO 交通事故 110 番としての活動は、ホームページにおける毎日の記事出し、電話・メールによる交通事故相談、週末に全国に出向いての交通事故無料相談会の開催です。

毎月、多くの被害者と面談し、生の声を聞くことにより、回答力を高めているのです。
近年は、被害者が持参された MRI 画像を分析することができるようになり、後遺障害等級を獲得する上での精度が向上し、ボランティア参加の複数弁護士のご協力により、損害賠償の実現でも、大きな成果を挙げています。

毎回、多くの被害者と面談をするたびに、いろいろな交通事故外傷を経験するのですが、

後遺障害とは切り離して、交通事故による外傷性の傷病名はどれだけの数があるのか？
傷病名ごとに予想される後遺障害等級、症状固定時期、後遺障害の立証方法を説明できないか？
レアな傷病名も、実物の後遺障害診断書で解説できれば、現場の医師も助かるのではないか？
これこそが、交通事故の後遺障害を議論する集大成になるのではないか？

そんなことを考え、2013 年 9 月から執筆を開始し、2 年 7 カ月後の 2016 年 4 月に執筆を終えました。
大ざっぱな分類で、322 の交通事故外傷と後遺障害のキモを説明できました。
本 I 巻には、このうち「精神・神経系統の障害／頭部外傷・高次脳機能障害／眼の障害」について収録しています。
実物の後遺障害診断書は、個人情報をデフォルメして CD-ROM に収録しました。

私の著作物に類書は一冊もありません。
この書籍が、後遺障害の立証の現場で、その後の損害賠償で役立つのであれば、望外の喜びです。

2016 年 9 月
NPO 交通事故 110 番　宮尾　一郎

交通事故外傷と後遺障害全322大辞典 I

精神・神経系統の障害／頭部外傷・高次脳機能障害／眼の障害　目　次

●精神・神経系統の障害　　8

1　背骨の仕組み　　8
2　外傷性頚部症候群　　10
　　外傷性頚部症候群における後遺障害のキモ？　10
3　外傷性頚部症候群の神経症状について　　12
　　外傷性頚部症候群における後遺障害のキモ？　13
4　バレ・リュー症候群と耳鳴り、その他の障害について？　　14
　　外傷性頚部症候群における後遺障害のキモ？　14
5　腰部捻挫・外傷性腰部症候群？　　16
　　外傷性腰部症候群における後遺障害のキモ？　16
6　外傷性腰部症候群の神経症状？　　18
　　外傷性腰部症候群における後遺障害のキモ？　20
7　腰椎横突起骨折（ようついおうとっきこっせつ）　　21
　　腰椎横突起骨折による後遺障害のキモ？　22
8　上腕神経叢麻痺（じょうわんしんけいそうまひ）　　22
　　上腕神経叢麻痺における後遺障害のキモ？　25
9　中心性頚髄損傷　　26
　　中心性頚髄損傷における後遺障害のキモ？　28
10　環軸椎脱臼・亜脱臼（かんじくついだっきゅう　あだっきゅう）　　29
　　環軸椎脱臼・亜脱臼における後遺障害のキモ？　30
11　上位頚髄損傷（じょういけいずいそんしょう）　C1/2/3　　32
12　横隔膜ペーシング　　34
13　脊髄損傷　　35
　　神経因性膀胱における後遺障害のキモ？　36
14　脊髄不全損傷＝非骨傷性頚髄損傷　　38
　　脊髄不全損傷＝非骨傷性頚髄損傷における後遺障害のキモ？　40
15　脊髄の前角障害、前根障害　　41
　　前角障害、前根障害における後遺障害のキモ？　44
16　脊髄の後角障害、後根障害　　45
17　バーナー症候群　　45
　　バーナー症候群における後遺障害のキモ？　46
18　脊髄空洞症　　48
　　脊髄空洞症における後遺障害のキモ？　50
19　頚椎症性脊髄症？　　51
　　頚椎症性脊髄症における後遺障害のキモ？　52
20　後縦靭帯骨化症　OPLL　　53
　　後縦靭帯骨化症　OPLLにおける後遺障害のキモ？　54

| 21 | 腰部脊柱管狭窄症？ | 55 |

　　腰部脊柱管狭窄症における後遺障害のキモ？　57

| 22 | 椎骨脳底動脈血行不全症 | 59 |

　　椎骨脳底動脈血行不全症における後遺障害のキモ？　60

| 23 | 腰椎分離・すべり症 | 61 |

　　腰椎分離・すべり症における後遺障害のキモ？　63

| 24 | 胸郭出口症候群 | 63 |

　　胸郭出口症候群における後遺障害のキモ？　66

| 25 | 頚肩腕症候群　肩凝り・ムチウチ | 67 |

　　頚肩腕症候群における後遺障害のキモ？　69

| 26 | 複合性局所疼痛症候群　CRPS | 70 |

　　CRPSにおける後遺障害のキモ？　75

| 27 | 低髄液圧症候群＝脳脊髄液減少症＝CSFH | 77 |

　　脳脊髄液減少症、CSFHにおける後遺障害のキモ？　80

| 28 | 軽度脳外傷　MTBI | 80 |

| 29 | 梨状筋症候群 | 86 |

　　梨状筋症候群における後遺障害のキモ？　87

| 30 | 線維筋痛症 | 88 |

　　線維筋痛症における後遺障害のキモ？　91

| 31 | 仙腸関節機能不全　AKA | 93 |

　　仙腸関節機能不全、AKAにおける後遺障害のキモ？　94

| 32 | 過換気症候群 | 94 |

　　過換気症候群における後遺障害のキモ？　96

●頭部外傷・高次脳機能障害　　97

| 1 | 頭部外傷　頭部の構造と仕組み | 97 |
| 2 | 頭部外傷　高次脳機能障害認定の3要件 | 100 |

　　高次脳機能障害における後遺障害のキモ？　101

3	頭部外傷　左下顎骨骨折、左頬骨骨折、左側頭葉脳挫傷	103
4	頭部外傷　左側頭骨骨折・脳挫傷	104
5	頭部外傷　急性硬膜外血腫	105
6	頭部外傷　前頭骨陥没骨折、外傷性てんかん	106
7	頭部外傷　びまん性軸索損傷　diffuse axonal injury：DAI	107
8	頭部外傷　脳挫傷＋対角線上脳挫傷＝対側損傷	109
9	頭部外傷　外傷性くも膜下出血	110
10	頭部外傷　外傷性脳室出血	111
11	頭部外傷　急性硬膜下血腫	112
12	頭部外傷　慢性硬膜下血腫	114
13	頭部外傷　脳挫傷＋頭蓋底骨折＋急性硬膜下血腫＋外傷性くも膜下出血＋びまん性軸索損傷	115
14	高次脳機能障害チェックリスト	117

● 眼の障害 ……………………………………………………………………………… 123

1　眼の仕組みと後遺障害について ……………………………………………… 123
2　眼瞼＝まぶたの外傷 …………………………………………………………… 124
3　外傷性眼瞼下垂 ………………………………………………………………… 126
　　まぶたの欠損、まぶたの運動障害による後遺障害のキモ？　126
4　動眼神経麻痺 …………………………………………………………………… 128
　　動眼神経麻痺における後遺障害のキモ？　130
5　ホルネル症候群 ………………………………………………………………… 132
　　ホルネル症候群における後遺障害のキモ？　133
6　外転神経麻痺 …………………………………………………………………… 134
　　外転神経麻痺における後遺障害のキモ？　135
7　滑車神経麻痺 …………………………………………………………………… 136
　　滑車神経麻痺における後遺障害のキモ？　137
8　球結膜下出血 …………………………………………………………………… 138
9　角膜上皮剥離 …………………………………………………………………… 139
10　角膜穿孔外傷 …………………………………………………………………… 140
　　角膜穿孔外傷における後遺障害のキモ？　142
11　前房出血 ………………………………………………………………………… 145
　　前房出血における後遺障害のキモ？　146
12　外傷性散瞳 ……………………………………………………………………… 147
　　外傷性散瞳における後遺障害のキモ？　148
13　涙小管断裂 ……………………………………………………………………… 148
　　涙小管断裂における後遺障害のキモ？　149
14　外傷性虹彩炎 …………………………………………………………………… 150
15　虹彩離断 ………………………………………………………………………… 151
　　虹彩離断における後遺障害のキモ？　152
16　水晶体亜脱臼 …………………………………………………………………… 154
17　水晶体脱臼、無水晶体眼 ……………………………………………………… 155
　　水晶体亜脱臼・脱臼における後遺障害のキモ？　156
18　外傷性白内障 …………………………………………………………………… 159
　　外傷性白内障における後遺障害のキモ？　160
19　眼窩底破裂骨折 ………………………………………………………………… 162
　　眼窩底破裂骨折における後遺障害のキモ？　164
20　視神経管骨折 …………………………………………………………………… 165
　　視神経管骨折における後遺障害のキモ？　166
21　硝子体出血 ……………………………………………………………………… 169
　　硝子体出血における後遺障害のキモ？　169
22　外傷性網膜剥離 ………………………………………………………………… 170
　　外傷性網膜剥離における後遺障害のキモ？　172
23　網膜振盪症 ……………………………………………………………………… 176
24　外傷性黄斑円孔 ………………………………………………………………… 177

外傷性黄斑円孔における後遺障害のキモ？　178
25　眼底出血　網膜出血・脈絡膜出血 …………………………………………………… 179
26　眼球破裂 ………………………………………………………………………………… 180
　　　眼球破裂における後遺障害のキモ？　181
27　続発性緑内障 …………………………………………………………………………… 181
　　　続発性緑内障における後遺障害のキモ？　182

●精神・神経系統の障害

1　背骨の仕組み

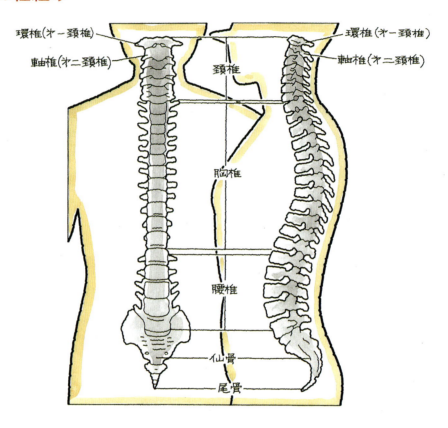

背骨、脊柱は、上から7つの頚椎、12の胸椎、5つの腰椎と仙骨、尾骨の2つ、合計25の椎骨の集合体で構成されています。
この全体を背骨、バックボーン、医学では、脊柱と呼んでいます。

脊柱は、正面からはまっすぐに見えますが、横断面では、ゆるやかなS字状のカーブをしています。
頚椎は前弯し、胸椎は後弯、腰椎は前弯、仙椎は後弯しているのです。
このカーブを、医学では、アライメントと呼んでいます。

脊柱は3つの役割があり、1つは身体を支える柱、バックボーンとしての役割、2つ目は、体幹を前後左右に曲げる、捻ることができる運動機能の役割です。
荒川静香さんのイナバウアーをイメージしてください。
最後は、脊髄、中枢神経を脊柱管で保護する役割です。

余談ですが、人間には206の骨があります。
206の骨がパズルのように組み合わさり、人間の骨格を形成しているのです。

● 精神・神経系統の障害

骨と骨をつなぐジョイント部分を関節といい、2つの骨の間には関節腔と呼ばれる空間があり、摩擦を和らげて、運動の向きと範囲を一定に保っています。

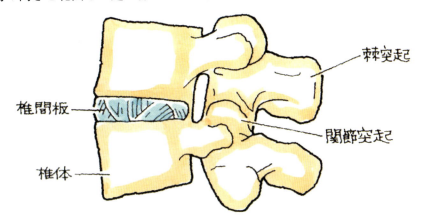

脊柱を構成している椎体骨は、前方部の椎体、後方部の椎弓、棘突起の3つの部位で構成されており、中央部に脊髄、馬尾神経が通る脊柱管というトンネルが形成されています。
椎体と椎体の間には椎間板が挟まり、互いに連なって柱状になっています。

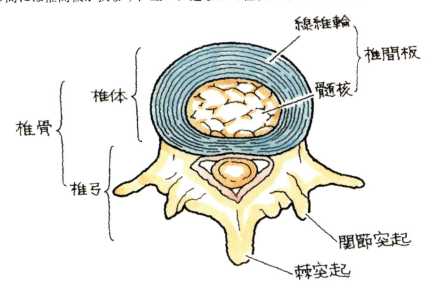

椎間板は椎体と椎体の間に挟まっている板状の軟骨組織で、弾力性の高い構造であり、体を動かしたときの衝撃を吸収するショック・アブソーバーの役目を果たしています。
椎間板の働きにより、身体を前後左右に曲げたり、捻ったりすることができるのです。

椎間板の中央には髄核と呼ばれる水分を多く含むゼリー状の柔らかい物質があります。
その周囲を囲むように線維輪と呼ばれる組織が何層にも重なって髄核を守っています。
椎間板はストレスにさらされており、年齢とともに、水分を蒸散し、衝撃を吸収しにくくなります。

70歳ともなると、椎間板は、それまでのグミから草加せんべいに変性してきます。
しかし、上下の骨も骨密度が落ちてスカスカですから、なんとか持ちこたえているのです。
これは、私のことです。

2　外傷性頚部症候群

脊柱は合計24個の骨で構成されていますが、7つの頚椎では、それぞれ左右に関節包につつまれた椎間関節があり、椎間板や靭帯や筋肉で連結されています。

追突などの交通事故受傷により、頚椎が過伸展・過屈曲状態となり、これらの関節包、椎間板、靭帯、筋肉などの一部が引き伸ばされ、あるいは断裂して、頚椎捻挫を発症します。

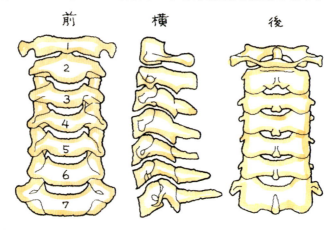

脊椎とは、おおよそ背骨のことを言い、多くの椎骨が椎間板というクッションをはさんで、首からお尻までつながったもので、椎骨の空洞部分を脊髄などの神経が走行しています。

頚椎は7つの椎骨が椎間板を挟んで連なっており、頚部の可動域を確保しています。

上位で頭蓋骨につながっている部位を環椎、その下を軸椎と呼び、この組み合わせ部分が、最も大きな可動域を有しています。

椎間板、脊椎を縦に貫く前縦靭帯と後縦靭帯、椎間関節、筋肉などで椎骨はつながれています。

椎骨の脊髄が走行する部分を椎孔と言い、椎孔がトンネル状に並んでいるのを脊柱管と呼びます。

脊髄から枝分かれしした神経根はそれぞれの椎骨の間の椎間孔と呼ばれる部分を通過し、身体各部を支配しています。

外傷性頚部症候群における後遺障害のキモ？

1）損保料率機構調査事務所が公表する、外傷性頚部症候群の14級9号の後遺障害認定要件？

「外傷性頚部症候群に起因する症状が、神経学的検査所見や画像所見から証明することはできないが、①受傷時の状態や②治療の経過などから③連続性、一貫性が認められ、説明可能な症状であり、④単なる故意の誇張ではないと医学的に推定されるもの。」

では、これを読み解きます。
①軽微な物損事故であれば、後遺障害の認定はありません。

受傷時の状態とは、受傷機転、事故発生状況のことを意味しており、それなりの衝撃がないと後遺障害は認めませんよと言っているのです。私は、物損で30万円以上を想定しています。

いずれにしても、バンパーの交換程度では、後遺障害は認められないということです。

無料相談会では、「物損の修理費用をお教えください？」いつでも、必ず、確認しています。

● 精神・神経系統の障害

もちろん、歩行者や自転車、バイクVS車の衝突では、この限りではありません。

②頚部痛、頚部の運動制限は、後遺障害に認定される症状ではありません。
また、事故から数カ月を経過して発症したものは、事故によるものではないと判断されます。

治療の経過とは、事故直後から、左右いずれかの頚部、肩、上肢～手指にかけて、重さ感、だるさ感、しびれ感の神経症状を訴えていることです。
無料相談会では、事故直後からの症状をシッカリと確認しています。

ただし、14級9号であれば、目立ったしびれ感はありません。
そこで、事故直後から、左右いずれかの頚部、肩、上肢～手指にかけて、重さ感、だるさ感、しびれ感が出現していたか？　症状の受け止め方を拡大して質問しており、ここが、奥の深いところです。

③まじめなリハビリ通院とは、整形外科・開業医で1カ月に10回以上であると想定しています。
すでに6カ月以上が経過し、この間、整骨院で施術を受けたものは、後遺障害の認定はありません。
施術は、医療類似行為であって、医師の行う治療ではないと判断されているからです。

連続性、一貫性とは、継続的でまじめな通院、1カ月で10回以上でなければなりません。
どんな症状を訴えても、6カ月間で30回程度の通院では、後遺障害の認定はありません。

④賠償志向が強く、発言が過激で症状の訴えが大袈裟など、相手方の保険会社が非常識と判断した被害者では、後遺障害は非該当とされています。
多くは、保険屋さんから弁護士対応とされています。

単なる故意の誇張ではないとは、被害者の常識性と信憑性です。
あまりに大袈裟なもの、通院にタクシーを利用するなどの非常識は、排除されています。

これらをまとめます。

「外傷性頚部症候群に起因する症状が、神経学的検査所見や画像所見などから証明することはできないとしても、痛みやしびれを生じさせるような事故受傷であり、当初から自覚症状があり、その原因を突き止めるために医師の診察・治療を受け、MRIの撮影も受けている。
その後も、痛みやしびれが継続していることが通院先や通院実日数から推測ができるところから、事故から現在までを総合して考えるのであれば、これは、後遺障害として認めるべきであろう。」

調査事務所が、このように判断したときは、14級9号が認定されているのです。

当事務所では、4つの要件に対応する必要から、受傷直後からの対応を重視して取り組んでいます。

実は、この場で説明できないことがたくさんあります。

後遺障害を確実なモノにしたいとお考えの被害者は、できるだけ早期に、受傷から2カ月以内に、MRIのCDを持参して、交通事故無料相談会に参加してください。
14級9号か、12級13号か、それとも非該当か、根拠を明らかにして納得できる説明を行っています。
それが、交通事故110番の自慢とするところです。

3　外傷性頸部症候群の神経症状について

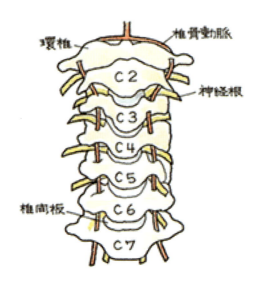

ほ乳類は、首の長さに関係なく、キリンからカバに至るまで7個の頸椎を有しています。
参考までに、例外のナマケモノは9個の頸椎を有し、頭部を270°まで回転させることができます。

頸椎、cervical spineは、Cで表示、C1～C7と呼びます。
さて、人間の頸椎も7つの椎体で構成されており、頭部を支える役目を有しています。
焼き場でお骨あげのとき、「仏様ですよ？」と最後に喪主が拾い上げるのは喉仏、C2です。

脱線が続きましたが、外傷性頸部症候群の神経症状とは、左右いずれかの頸部、肩、上肢から手指にかけてのしびれです。
しびれといっても、14級9号のレベルであれば、それほど深刻なものではありません。
無料相談会では、「重さ感、だるさ感、軽い痛み、しびれ感はありませんか？」
自覚症状の範囲を拡大して、確認しています。

外傷性頸部症候群で注目すべきは、C5/6、C6/7の神経根に限られています。
脊髄から枝分かれをしたC5/6、C6/7の左右2本の神経根は、左右の上肢を支配しているからです。

C5/6右神経根が圧迫を受けると、右手の親指と人差し指に、C6/7では、薬指と小指にしびれが出現するのです。

XPやCTは骨を見るためのもので、神経根が確認できるのは、MRIだけです。

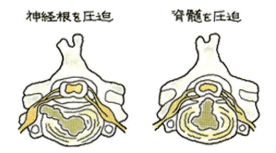

受傷後に撮影したMRIで、C5/6/7の神経根の通り道が狭まっている？
明確に圧迫を受けている？
これらが確認できたときは、自覚症状に一致した画像所見が得られたことになるのです。
後遺障害の獲得に一歩、近づいたことになるのです。
ですから、早期にMRIの撮影を受けてください、と申し上げているのです。
早期とは、受傷から2カ月以内です。

外傷性頸部症候群における後遺障害のキモ？

1）MRIで注目すべきは、C5/6とC6/7です。
自覚症状に一致するMRI所見が得られるのは、C5/6/7であるからです。

2）4つの必要十分条件？
①車VS車の衝突では、30万円以上の物損、
②事故直後からの症状の出現、早期、2カ月以内のMRI撮影、
③6カ月間のまじめな整形外科通院、
④紳士的、常識的で信憑性が感じられる療養態度、

後遺障害では、上記の4つが重点的に審査されています。
4つが達成できないと、後遺障害の認定はありません。

3）損害賠償は、有能な弁護士に？
専業主婦でも、弁護士が交渉すれば、14級で320万円、12級なら735万円が期待できます。
なぜ？　裁判で適用される地方裁判所支払基準で示談交渉を進めるからです。

交通事故無料相談会で、等級獲得までの一切を説明しています。
実は、この場で説明できないことがたくさんあります。
後遺障害を確実なモノにしたいとお考えの被害者は、できるだけ早期に、受傷から2カ月以内に、MRIのCDを持参して、交通事故無料相談会に参加してください。
14級9号か、12級13号か、それとも非該当か、根拠を明らかにして納得できる説明を行っています。

それが、交通事故110番の自慢とするところです。

4　バレ・リュー症候群と耳鳴り、その他の障害について？

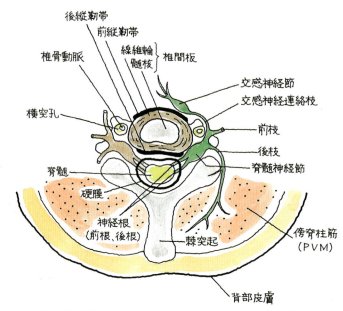

緑色の交感神経節が損傷することにより、バレ・リュー症候群を発症します。

頭痛は後遺障害の対象になるの？
耳鳴りはどうなの？

頚部交感神経損傷を原因とするバレ・リュー症候群は、不眠が続くことから、頭痛が代表的ですが、重症例では、倦怠感、疲労感、熱感、脱力感、めまい、耳鳴り、難聴、眼精疲労、流涙、視力調節障害、しびれ、肩凝り、背痛、腰痛、頭重感、動悸、息切れ、四肢冷感、食欲不振、胃重感、悪心、腹痛、下痢、便秘などの不定愁訴に、一気に襲われることがあります。
深酒もしていないのに、朝起きたら、強烈な二日酔い？　そんな症状です。

バレ・リュー症候群の諸症状は、麻酔科、ペインクリニックに通院、交感神経節ブロック療法を続ければ、多くは、2カ月程度で改善が得られます。
改善が得られるのですから、後遺障害の対象にはなりません。

頭部外傷Ⅱ型以上を原因とする頭痛は、後遺障害の対象ですが、バレ・リュー症候群であれば、対象から排除されています。

外傷性頚部症候群における後遺障害のキモ？

1）バレ・リューでは、後遺障害が認定されない？
交感神経異常を原因とするバレ・リュー症候群の不定愁訴は後遺障害の対象ではありません。
頭痛、めまい、吐き気で苦しむ被害者は、整形外科以外にペインクリニックに通院し、交感神経節ブロック療法で症状の改善をめざすことになります。

2）耳鳴りは、条件が揃えば、12級相当？

①耳鳴りでは、耳鼻科におけるオージオグラム検査で30dB以上の難聴を伴い、ピッチマッチ、ラウドネスバランスの耳鳴り検査で、耳鳴りが他覚的に立証されたときは、12級相当が認められています。

バレ・リューでも、耳鳴りを感じることがありますが、難聴を伴うことはなく、交感神経節ブロック療法で改善が得られます。

②自覚症状の訴えと耳鼻科における検査？
通院治療先が整形外科でも、事故直後から耳鳴りの自覚症状を訴えておかなければなりません。
そして、早期に耳鼻科を受診、オージオグラム検査を受けることです。
症状の訴えがなく、2、3カ月を経過すると、事故との因果関係は否定されるからです。

3）排尿障害、嗅覚の脱失は？

この2年間で、中心的な傷病名が外傷性頚部症候群であっても、排尿障害の症状があり、尿管カテーテルで強制導尿を実施している被害者に11級10号が、嗅覚の脱失で12級相当が認定されています。

前者では、ウロダイナミクス検査で尿道括約筋の異常を、後者では、T＆Tオルファクトメータで、嗅覚の脱失を立証しています。

事故直後から自覚症状の訴えがあり、症状固定まで継続していれば、原因は特定できなくとも、自覚症状が検査で立証されていれば、損保料率機構調査事務所は等級を認定しています。
排尿障害では、等級認定までに6カ月、嗅覚脱失では、1年間を要しました。
悩みに悩み抜いて認定してくれた印象です。

ホームページのほとんどは、損保料率機構調査事務所の認定に懐疑的、否定的な意見を展開していますが、交通事故の解決を主力としている当事務所、私は、「よくぞ、認定してくれた！」と評価すべきは評価して拍手をおくっています。

実は、この場で説明できないことがたくさんあります。
後遺障害を確実なモノにしたいとお考えの被害者は、できるだけ早期に、受傷から2カ月以内に、MRIのCDを持参して、交通事故無料相談会に参加してください。
14級9号か、12級13号か、それとも非該当か、根拠を明らかにして納得できる説明を行っています。
それが、交通事故110番の自慢とするところです。

5　腰部捻挫・外傷性腰部症候群？

脊柱は合計25の椎骨で構成されていますが、5つの腰椎は、それぞれ左右に関節包につつまれた椎間関節があり、椎間板や靭帯や筋肉で連結されています。

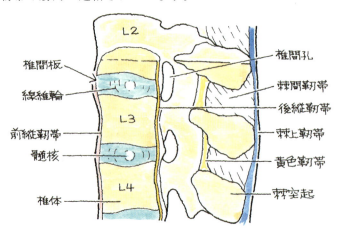

追突などの交通事故受傷により、腰椎が過伸展状態となり、これらの関節包、椎間板、靭帯、筋肉などの一部が引き伸ばされ、あるいは断裂して、腰部捻挫を発症します。

頚部捻挫と腰部捻挫は、診断書に併記されていることが多いのですが、後遺障害の対象として注目されるのは、圧倒的に頚部捻挫、外傷性頚部症候群です。
経験則では、腰部捻挫は椎間板ヘルニア、脊柱管狭窄症の基礎疾患がある被害者に多発する傾向で、このケースでは重症化し、しばしば固定術に発展しています。

外傷性腰部症候群における後遺障害のキモ？

１）損保料率機構調査事務所が公表する、外傷性腰部症候群の14級9号の後遺障害認定要件？

「外傷性腰部症候群に起因する症状が、神経学的検査所見や画像所見から証明することはできないが、①受傷時の状態や②治療の経過などから③連続性、一貫性が認められ、説明可能な症状であり、④単なる故意の誇張ではないと医学的に推定されるもの。」

では、これを読み解きます。

①受傷時の状態とは？
「受傷時の状態」とは、事故発生状況のことであり、「それなりの衝撃がないと後遺障害は認めませんよ！」と言っているのです。
車VS車の衝突では、物損で30万円以上を想定しています。
いずれにしても、バンパーの交換程度では、後遺障害は認められません。
無料相談会では、物損の修理費用を必ず確認しています。

②治療の経過とは？
「治療の経過」とは、事故直後から、腰部痛以外に、左右いずれかの下腿～足趾にかけて脱力感、しび

●精神・神経系統の障害

れ感の神経根症状が認められなければなりません。
無料相談会では、事故直後からの症状をシッカリと確認しています。

ただし、14級9号であれば、露骨で目立つしびれ感はありません。
そこで、「事故直後から、腰部痛、左右いずれかの下腿〜足趾にかけて脱力感、だるさ感、重さ感、しびれ感の神経根症状がありましたか？」
症状の範囲を拡大して質問を繰り返しており、ここが、奥の深いところです。

単なる腰部痛とそれに伴う胸腰椎の運動制限は、後遺障害の対象ではありません。
また、事故から数カ月を経過して発症したものは、事故との因果関係が否定されています。

③連続性、一貫性とは？
「連続性、一貫性」とは、まじめにリハビリ通院を続けているかがチェックされているのです。
整形外科・開業医で1カ月に10回以上であると想定しています。
どんな症状を訴えても、6カ月間で30回程度の整形外科通院では、後遺障害の認定はありません。

6カ月以上が経過し、この間、整骨院で施術を受けたものは、後遺障害の認定はありません。
整骨院は医療類似行為であり、治療ではなく、施術と捉えられています。
施術は、治療実績として評価されないのです。

街中やネットでは、交通事故専門と大書きした整骨院が目立ちます。
「当院は、むち打ち治療協会から認定を受けた○○県初の治療院です？」
「交通事故の治療は、安心のブランド、○○整骨院にお任せください？」
「交通事故治療、無料体験実施中？」
「治療費は自賠責保険が適用されるので自己負担はありません？」

中には、通院するだけで2万5000円の見舞金を支払う整骨院もあるとのことです。
これらは、自由診療を期待して、交通事故被害者を呼び込んでいるのです。
いずれも、施術ではなく、治療を連呼しているのが特徴です。
治療が行えるのは、診断権を有する医師に限られています。
施術を治療と表現すれば、本当は、医師法違反となるのです。
後遺障害の正当な評価を受けるべくお考えであれば、整骨院・接骨院には通院しないことです。

④単なる故意の誇張ではない？
「単なる故意の誇張ではない」とは、被害者の常識性と信憑性です。
賠償志向が強く、発言が過激で症状の訴えが大袈裟、通院にタクシーを利用、長期間の休業と休業損害の請求など、保険屋さんが非常識と判断したときは、後遺障害を申請しても、排除されています。
このパターンでは、保険屋さんによって、早期に弁護士対応とされています。

これらをまとめます。

「外傷性腰部症候群に起因する症状が、神経学的検査所見や画像所見などから証明することはできなくても、痛みやしびれを生じさせるような事故に遭って、自覚症状があり、その原因を突き止めるために早期に医師の診察を受けて、MRIの撮影も受けており、その後も痛みやしびれが継続していることが通院先や通院実日数から推測ができる。
事故から現在までを総合して考えるのであれば、これは、後遺障害として認めてやるべきであろう。」

調査事務所に、このように判断させるのが、チーム110の仕事です。

6　外傷性腰部症候群の神経症状？

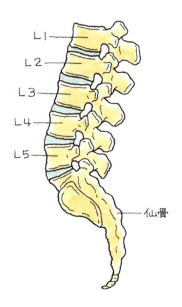

脊椎は、25の椎骨が椎間板というクッションをはさんで、頚部〜尾底骨まで連なったものです。
頚椎はC、胸椎はTh、腰椎はL、その下の仙椎はSと表示します。
腰椎は5つの椎骨が椎間板を挟んで連なっており、椎骨の空洞部分は、脊髄が走行しています。
脊髄は、L1で終わり、それ以下は馬尾神経が走行しています。
椎間板、脊椎を縦に貫く前縦靭帯と後縦靭帯、椎間関節、筋肉などで椎骨はつながれています。
椎骨の馬尾が走行する部分を椎孔と言い、椎孔がトンネル状に並んでいるのを脊柱管と呼びます。
馬尾神経から枝分かれした神経根は、それぞれの椎骨の間の椎間孔と呼ばれる部分を走行、身体各部を支配しています。

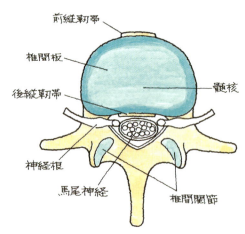

● 精神・神経系統の障害

外傷性腰部症候群で注目すべきは、L3/4/5/S1の神経根に限られています。
素因は多数で椎間板ヘルニアであり、腰部捻挫では、それ以外の部位は無視することになります。
脊髄から枝分かれのL3/4/5/S1の左右6本の神経根は、それぞれの下肢を支配しているからです。

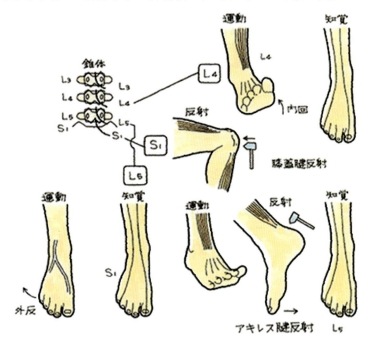

L3/4のヘルニアでは、L4神経根が障害され大腿前面、下腿内側面に知覚障害が出現、膝蓋腱反射は減弱、つまり大腿四頭筋・前脛骨筋が萎縮し、大腿神経伸展テスト＝FNSが陽性となります。

L4/5のヘルニアでは、L5神経根が障害され、下腿前外側、足背に知覚障害が出現、長母趾伸展筋の筋力低下、大臀筋の萎縮が見られ、ラセーグテストは陽性となります。

ラセーグテスト

L5/S1のヘルニアでは、下腿外側、足背、足底外縁に知覚障害が出現、アキレス腱反射は低下・消失し、腓腹筋および腓骨筋力が低下して、つま先立ちが不可能となります。

ラセーグテストでは、陽性所見を示します。

外傷性腰部症候群における後遺障害のキモ？

１）医師に因果関係を求めない？
「L4/5にヘルニアが認められますが、事故によるものではありませんね？」
被害者と治療先に同行したときの主治医の所見ですが、大部分の被害者は、ムッとした表情です。
「事故から腰痛が出現し、右足もしびれているのに、事故によるものではない、どういうこと？」
実は、ノープロブレム、それでいいのです。
脊椎の変性は18歳頃から始まると言われています。
したがって、30歳を超えれば、ほぼ全員の被害者に、大なり小なりの年齢変性が認められます。
年齢変性の代表は、腰椎椎間板ヘルニアで、多くは末梢神経である神経根を圧迫しています。

末梢神経である神経根は、膜で覆われた状態で存在しています。
事故前にヘルニアが存在していても、多くは無症状ですが、交通事故の衝撃で、この膜に傷がつくと、支配神経の領域に、痛み、しびれなどの神経根症状が出現し、苦しむことになります。
そして、この症状こそが、後遺障害の対象となるのです。

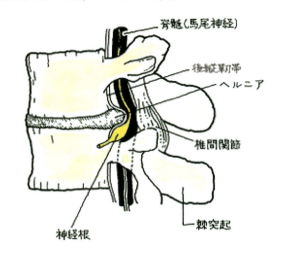

14級9号レベルであれば、傷ついた膜の修復がなされると、無症状に戻ります。
時間はかかりますが、生涯、痛みやしびれが継続することはありません。
「年齢相応の変性は、素因減額の対象にしない！」
これは、東京・名古屋・大阪の３地方裁判所の合議で決められています。
ですから、被害者は、因果関係などに巻き込まれないこと、知らん顔でいいのです。

２）早期のMRI撮影？
因果関係など、クソッタレなのですが、早期のMRI撮影で神経根に浮腫が確認できることがあります。
これが確認できれば、腰部椎間板ヘルニアは、外傷性であることを立証したことになります。
XPやCTは骨を見るためのもので、神経根が確認できるのは、MRIだけです。
なんとしてでも、受傷２カ月以内に、MRIの撮影を受けなければなりません。

受傷後に撮影したMRIで、L4/5/S1の神経根の通り道が狭まっている？

明確に圧迫を受けている？
これらが確認できたときは、自覚症状に一致した画像所見が得られたことになり、後遺障害の獲得に相当、近づいたことになるのです。

3）6カ月間で、4つの要件を粛々と整えること？
① 30万円以上の物損、
②事故直後からの症状の出現、早期のMRI撮影、
③ 6カ月間のまじめな整形外科通院、
④紳士的、常識的で信憑性が感じられる療養態度

専業主婦でも、弁護士が交渉すれば、14級で320万円、12級なら735万円が期待できます。
交通事故無料相談会では、等級獲得までの一切を説明しています。

7　腰椎横突起骨折

衝撃の大きい追突や、衝突によるバイク・自転車からの転落で腰椎横突起骨折は発生しています。
昨年のワールドカップでは、ブラジルのネイマールが第3腰椎左横突起骨折で戦列を離れました。

腰椎には横突起という骨突起があります。
背筋の中に埋もれており、筋肉の力を腰椎に伝える役目を果たしています。
交通事故、スノボなどで、腰部を強打したとき、腰椎の横突起骨折は頻発しています。
また、脊椎の横突起周辺には体幹を支え、姿勢を保持する重要な筋肉、大腰筋、腰方形筋が付着しているのですが、強力な外力によって無理な方向に筋肉が捻られたときに、横突起部での骨折が発生しています。

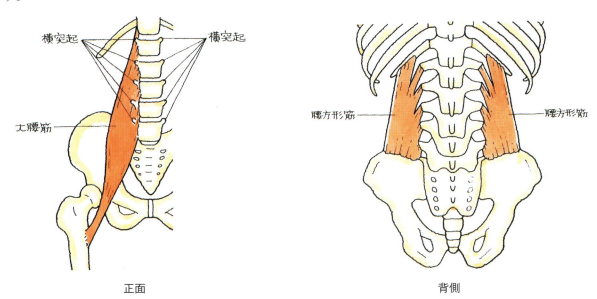

正面　　　　　　　　　　　　背側

大腰筋は脊椎の横突起から股関節を超えて、大腿骨に付着しており、椅子に座った姿勢から、膝を上にあげる動作や、足が固定された状態で、体を起こすようなときに働きます。
また、脊椎を支え、姿勢を保持する作用があります。
腰方形筋は、下部肋骨と脊椎の横突起から骨盤にまたがる筋肉で、体を横に傾けるときに働きます。

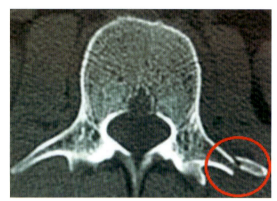

L2 の横突起骨折

レントゲン検査で発見できますが、CTであれば、より確実です。
症状は腰痛、圧痛、動作痛ですが、末梢神経を傷めることはなく、足のしびれや麻痺等の神経症状を伴うことは、通常、ありません。
主体的な治療は、腰の安静で、コルセットや腰部固定帯で、骨折部位を固定します。
痛みを軽くするために、低周波の治療や湿布が並行的に実施されています。

腰椎横突起骨折による後遺障害のキモ？

1）頚椎や腰椎の横突起骨折と診断されると、なんといっても骨折ですから、被害者は青くなります。
しかし、横突起骨折そのものが、後遺障害の対象になることは例外的です。
したがって、過剰に心配することではありません。
ただし、横突起部分が骨折するほどの衝撃を受けたことは事実であり、その周辺の末梢神経、神経根の通り道を詳細に検証して、後遺障害の遺残を探っています。
傷病名だけであきらめて、立証を放棄することはありません。

2）腰部のしびれや歩行障害が認められないときでも、慢性的な腰痛を残すことが予想されます。
骨折部が離開していなければ、骨癒合も期待できるのですが、筋肉に引っぱられて大きく離開しているときは、骨癒合の期待はできません。
骨癒合が得られなくても機能的な支障はありませんが、骨癒合不良が慢性腰痛の原因になることは十分予想されるのです。
そのときは、骨癒合状況をCTで立証して、痛みの神経症状で、14級9号、12級13号をめざします。

8　上腕神経叢麻痺（じょうわんしんけいそうまひ）

上肢・手指の後遺傷害としては、上腕神経叢麻痺が最も重症例です。
本来は、頚椎神経根の引き抜き損傷ですから、自賠責保険では、脊椎・脊髄のカテゴリーの分類としていますが、症状が上肢に集中するところから、ここでは、上肢の障害として取り上げています。

全型の引き抜き損傷では、肩・肘・手関節の用を廃し、手指もピクリとも動きません。
1上肢の用廃で5級6号が認定される深刻な後遺障害となります。

● 精神・神経系統の障害

上肢、手の運動は、頚髄から出ている5本の神経根、C5頚髄神経根からT1胸髄神経根を通過して、各々の末梢神経に伝えられており、左鎖骨下動脈部を指で圧迫すると、左上肢がしびれてくるのは鎖骨下動脈の下に、上肢に通過している5本の上腕神経叢が存在しているからです。

指で圧迫しなくてもしびれを発症していれば、胸郭出口症候群と呼ばれています。

上腕神経叢の叢とは草むらを意味するのですが、5本の神経根が草むらのように複雑に交差しているところから、上腕神経叢と呼ばれているのです。

余談はさておき、上腕神経叢麻痺は、バイク・自転車で走行中の事故受傷で、肩から転落した際に側頚部から出ている神経根が引き抜かれるか？ 引きちぎられて？ 発症しています。

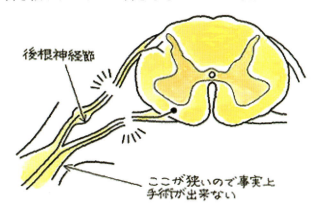

C5頚髄神経は肩の運動、
C6頚髄神経は肘の屈曲、
C7頚髄神経は、肘の伸展と手首の伸展、
C8頚髄神経は手指の屈曲、
T1胸髄神経は、手指の伸展をそれぞれ分担しています。

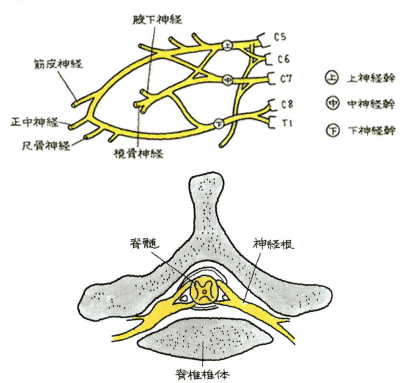

これらの神経根が事故受傷により引きちぎられるのですから、握力の低下に止まらず、支配領域である上肢の神経麻痺という深刻な症状が出現します。

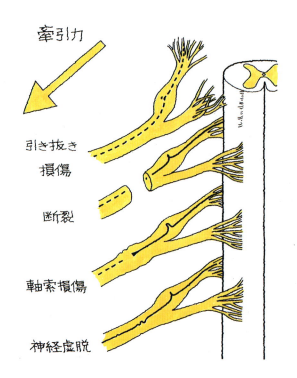

①脊髄から神経根が引き抜ける損傷が最も重篤で予後不良ですが、引き抜き損傷であれば、脊髄液検査で血性を示し、CTミエログラフィー検査で、造影剤が漏出、立証は簡単です。
そして、引き抜き損傷では、眼瞼下垂、縮瞳および眼球陥没のホルネル症候群を伴う可能性が大となり、手指の異常発汗が認められます。

②次に、神経根からの引き抜きはないものの、その先で断裂、引きちぎられるものがあります。
断裂では、ミエログラフィー検査で異常が認められず、ホルネル症候群も、異常発汗を示さないこともあります。
このケースでは、脊髄造影、神経根造影、自律神経機能検査、針筋電図検査等の電気生理学的検査、MRI検査などで立証することになります。

③神経外周の連続性は温存されているのに、神経内の電線、軸索と言いますが、これのみが損傷されているのを軸索損傷と呼び、このケースであれば、3カ月くらいで麻痺が自然回復、後遺障害の対象ではありません。

④神経外周も軸索も切れていないのに、神経自体がショックに陥り、麻痺している状態があります。
神経虚脱と呼ばれていますが、3週間以内に麻痺は回復、これも後遺障害の対象ではありません。

治療は、受傷後、できるだけ早期に神経縫合や肋間神経移行術、神経血管付筋移行術を受けることになります。なぜなら、6カ月以降に手術をしても、筋肉が萎縮し、たとえ神経が回復しても充分な筋力が回復できないからです。
当然、手の専門医の領域ですが、予後は不良です。
上肢の機能の実用性を考慮して、等級の評価が行われています。

神経移行術に実績のある病院を以下に紹介しておきます。

※都立　広尾病院
〒150-0013　東京都渋谷区恵比寿2-34-10
TEL　03-3444-1181
医師　田尻康人整形外科部長、川野健一医長
専門外来　末梢神経外科外来

※JA山口厚生連　小郡第一総合病院　整形外科
〒754-0002 山口県山口市小郡下郷862-3
TEL　083-972-0333
医師　土肥　一輝　院長
http://www.ogoridaiichi.jp/sinryou/seikei.htm

こちらでは、筋肉移植で肩機能を再建する手術が実施されています。
条件が揃えば、肩・肘機能だけでなく、手指屈伸機能も回復できるようになるとのことです。

いずれも、ネット検索をされ、主治医の紹介状を持参して受診することになります。

手のしびれや、握力の低下が認められる、頚椎捻挫の被害者の診断書に、上腕神経叢麻痺の傷病名が記載されていることがありますが、治療内容は理学療法、ビタミン剤の内服が中心で、一般的な頚椎捻挫と何ら変わりません。
正しい診断でも、軸索損傷や神経虚脱であれば、後遺障害を残すことなく改善します。
そして、通常の頚椎捻挫で、上腕神経叢麻痺が起こることはあり得ませんから、気にしないことです。

上腕神経叢麻痺における後遺障害のキモ？

１）どちらの治療先でも対応できる傷病名ではありません。
限られた手の外科の専門医の領域ですが、少なくとも、受傷から６カ月以内に適切なオペがなされないと、回復は期待できず、深刻な後遺障害を残すことになります。

治療先の対応に不安を感じられたときは、急いで、専門医のネットワークを構築しているNPO交通事故110番に、相談してください。

２）後遺障害等級
①全型の引き抜き損傷では、肩・肘・手関節・手指の用廃であり、１上肢の用廃で５級６号が、

②C6〜T1の引き抜き損傷では、１上肢の２関節の用廃で６級６号、手指の用廃で７級７号となり、併合のルールでは２等級引き上げで、併合４級となりますが、１上肢を手関節以上で失ったものにはおよばず、併合６級が、

③C7〜T1の引き抜き損傷では、手関節の機能障害で10級10号、5の手指の用廃で７級７号、併合

のルールでは5級になりますが、1上肢の2関節の用廃にはおよばず、併合7級が、

④C8〜T1の引き抜き損傷では、5の手指の用廃で7級7号が認定されます。

3）自賠法のルールでは、上記の通りですが、本件の傷病であれば訴訟で決着することが一般的です。であれば、自賠責保険の認定等級に縛られるのではなく、実際の上肢の機能の実用性を検証して、きめ細かく損害賠償請求を行うべきと考えています。

9　中心性頚髄損傷

数年前、阪神タイガースの赤星選手が、中心性頚髄損傷で選手生活から引退しました。
センター方向の飛球をスライディングキャッチしたことが発症の原因と言われています。

脊髄損傷は、大きな外力が脊椎に加わることで、骨折や脱臼となり、発症しています。
ところが、中心性頚髄損傷は、骨折などが認められないのに、運動麻痺、疼痛、ビリビリするような両上肢や手指のしびれの訴えがなされるのです。
頚部が急激に後ろに反り返る、過伸展が、中心性頚髄損傷の原因と考えられています。

また、この症例は、変形性脊椎症、脊柱管狭窄症が認められる中年以降の被害者に、比較的軽微な受傷機転、例えばちょっとした追突などで発症することも報告されています。

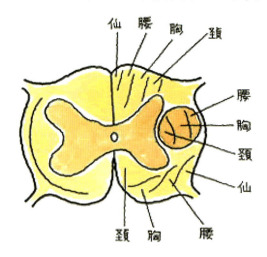

上肢を支配する神経線維は頚髄の中心寄り、下肢では、外側寄りに位置することから、中心部が損傷を受けると、上肢の症状が重く出現します。
頚髄の辺縁部は周辺を取り囲む多くの血管によって栄養を受けていますが、中心部は中心動脈から枝分かれした毛細血管から栄養を受けています。
このことからも、頚髄中心部は、損傷を受けやすく、回復しにくいという特徴があります。

上肢の症状が強く、運動麻痺、疼痛、ビリビリするような両手や手指のしびれ、パジャマのボタンを留めることができない等、手指の巧緻運動障害を引き起こします。
しびれでは、タンスの角に肘をぶつけたときに感じる、ジンジンするしびれが、両上肢に継続するのです。

●精神・神経系統の障害

神経学的検査では、深部腱反射が亢進、ホフマン反射、トレムナー反射、ワルテンベルグ徴候では病的反射が出現し、両上肢は筋萎縮でやせ細ります。
そして、箸を使用して食事ができない等、手指の巧緻運動障害が認められます。

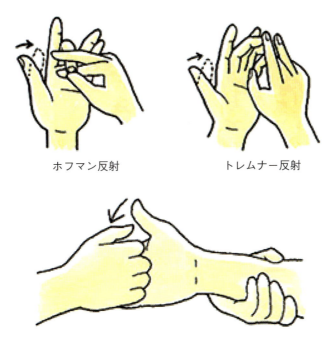

ホフマン反射　　　トレムナー反射

ワルテンベルグ徴候

MRIのT2強調画像では、脊髄の中心部が白く光る、高輝度所見が認められます。
損保料率機構調査事務所は、上記の高輝度所見を認定の要件としていますが、この画像所見が確認できるのは、受傷後の急性期、2、3カ月に限定されると言われています。
慢性期にはT1強調画像で軟化型損傷を発見、立証する必要があるのですが、画像所見が得られにくいことが多く、簡単なことではありません。
現在、MRIのT2スターで、出血痕が立証できないか、放射線科の専門医に探ってもらっています。
これで立証できれば、画期的なことです。

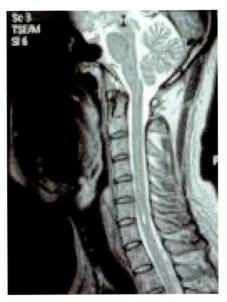

交通事故110番が担当した中心性頚髄損傷のMRI　T2強調画像です。
C6右横の脊髄に白い高輝度所見が確認できます。
この被害者は、脊髄症状で7級4号が認定されました。

※T1強調画像とは、体内の脂肪分を強調して撮影する方法で、椎間板の突出や出血の状態を確認するのに有意な撮影方法です。全体的に黒っぽく、コントラストがハッキリして見えます。

※T2強調画像は、体内の水分を強調して撮影する方法で、髄液や膀胱内の状態を確認するのに有意な撮影法であり、全体的に白っぽくぼやけているような印象を受けます。

治療としては、受傷直後、48〜72時間以内に、入院下でステロイドを大量投与すれば、治療効果が得られるとして、1997年から厚生労働省の認可のもとに臨床使用が開始されています。
しかし、確実性に疑問があり、副作用の検証がなされておらず、若年で再生力の強い患者以外では、効果が薄いとの報告もなされています。
やはり、脊髄損傷ですから、劇的な改善は、1例も経験していません。

膀胱障害が認められることもあり、このケースでは、泌尿器科でウロダイナミクス検査をお願いして立証しています。
症状固定は、非可逆性脊髄損傷ですから、受傷後6ヵ月で決断しています。

中心性頚髄損傷における後遺障害のキモ？

1）70%はニセモノ？
中心性頚髄損傷と診断されていても、経験則では、70%はニセモノです。
MRIで高輝度所見の得られない頚椎症、中には単純ムチウチで症状過多も混在しています。

中心性頚髄損傷となれば、事故直後のステロイド療法が有効とされており、被害者が両上肢のしびれを訴えただけで、入院を指示し、ステロイド療法を実施する治療先もあります。
この治療が終了、MRIの撮影を行っても、高輝度所見が得られないとき、本来であれば、「中心性頚髄損傷ではなく頚椎症でした？」と傷病名を訂正すべきであるのに、これを行うことなく、退院させる医師が、やたらに多いのです。
私は、過去の経験則から、MRIの高輝度所見を確認するまで、頚椎症と考えることにしています。

2）中心性頚髄損傷の傷病名があれば、早期のMRI撮影で高輝度所見を立証しなければなりません。
立証された中心性頚髄損傷は、脊髄損傷ですから、決して、ムチウチのカテゴリーではありません。

後遺障害の立証では、後遺障害診断書以外に、「脊髄症状判定用」の用紙を提出し、肩・肘機能、手指機能、下肢機能、上肢・下肢・体幹の知覚機能、膀胱機能、日常生活状況について、検査と結果の記載をお願いしなければなりません。
チーム110の仲間は、事前に脊髄症状のチェックを行い、日常生活状況については、被害者の職業上の具体的な支障を記載した書面を主治医に提示しています。
ここまで明らかにしないと、めざす等級の獲得はできません。

3）等級は、神経系統の機能の障害で審査され、障害の程度により、9級10号、7級4号、5級2号が選択されています。膀胱機能障害は、併合の対象となります。

10　環軸椎脱臼・亜脱臼

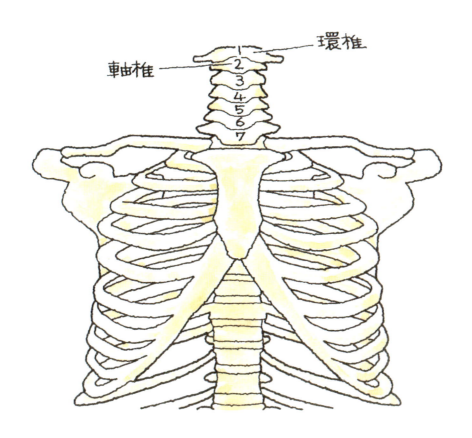

頚椎は正面から見ると7つの椎体の連なりであり、C1、環椎とC2、軸椎は独特な形状をしています。軸椎には歯突起があり、軸を中心に環軸が回転することで、頚部を左右に回転させることができます。軸椎以下の頚椎は、椎間板という軟骨の座布団で椎体間が連結されており、これにより、頚椎がしなるように動くことができるのです。

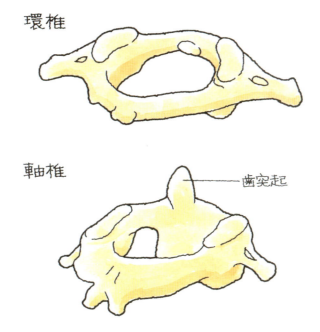

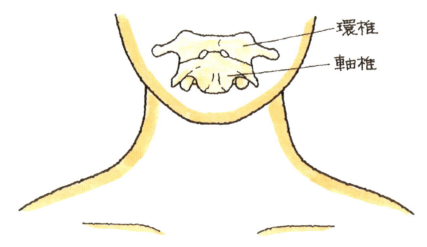

環軸関節の位置は、正面では、口のあたりに位置しています。
環椎の上部に頭蓋骨が乗っており、この関節の支えで頸部は左右に動くのです。

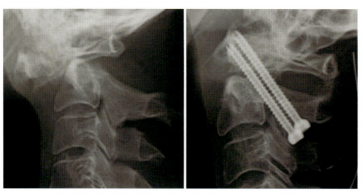

左のXP側面像では環椎が前方向に脱臼しているのが確認できます。
右は、整復後、スクリューで固定されたものです。

環椎と軸椎とは、7つある頸椎の、最上部と2番目の椎体骨で、頭蓋骨と接しています。
交通事故では、後頭部方向から大きな外力が加わり、過屈曲が強制されることで、軸椎の歯突起が骨折し、環軸椎亜脱臼・脱臼が発症しています。
転位が高度で環椎と軸椎を結合する関節が完全に外れてしまったものを環軸椎脱臼、外れかかった状態で4mm以上の転位があるものを環軸椎亜脱臼と呼んでいます。

転位のレベルによっては、脊柱管の中を走行する脊髄が圧迫・損傷することがあり、脊髄の圧迫症状として手足の運動麻痺、感覚麻痺、呼吸障害、膀胱・直腸障害、後頭神経の圧迫症状としては、後頸部痛、椎骨動脈の圧迫に伴う強いめまいを発症し坐位ができなくなります。
環軸椎亜脱臼に対しては、保存療法として、ソフトカラー、フィラデルフィアカラーによる固定がなされていますが、脊髄症状を示す重症例では、オペは必至で、現在では、スクリュー固定が行われています。

環軸椎脱臼・亜脱臼における後遺障害のキモ？

1）後遺障害は、脊柱の変形障害、脊柱の運動障害、神経系統の機能障害の3方向から検証していくことになり、立証作業としては、非常に高度です。

①脊柱の変形障害
環椎または軸椎の変形・固定により、次のいずれかに該当するものは、8級2号となります。
A　60°以上の回旋位となっているもの
B　50°以上の屈曲位または60°以上の伸展位となっているもの
C　側屈位となっており、XP等により、矯正位の頭蓋底部両端を結んだ線と軸椎下面との平行線が交わる角度が30°以上の斜位となっていることが確認できるもの

このうちAおよびBについては、軸椎以下の脊柱を可動させず、当該被害者にとっての自然な肢位で、回旋位または屈曲・伸展位の角度を測定します。

②脊柱の運動障害
頭蓋・上位頚椎間に著しい異常可動性が生じたものは、8級2号となります。

③神経系統の機能障害
環軸椎の脱臼骨折で固定術が実施された背景には、脊髄損傷を最小限にする目的があります。
術後の被害者に、上・下肢の麻痺、強烈なしびれ、上・下肢の疼痛、排尿障害など、重篤な脊髄症状が残存していれば、神経系統の機能障害で等級の獲得をめざす必要があります。
障害の程度により、9級10号、7級4号、5級2号が選択されています。
膀胱機能障害は、併合の対象となります。

後遺障害の立証では、後遺障害診断書以外に、「脊髄症状判定用」の用紙を提出し、肩・肘機能、手指機能、下肢機能、上肢・下肢・体幹の知覚機能、膀胱機能、日常生活状況について、検査と結果の記載をお願いしなければなりません。
排尿障害は、ウロダイナミクス検査で立証することになります。

チーム110の仲間は、事前に脊髄症状のチェックを行い、日常生活状況については、被害者の職業上の具体的な支障を記載した書面を主治医に提示しています。
ここまで明らかにしないと、めざす等級の獲得はできません。

2）整形外科では、4mm程度の亜脱臼はほとんど見落とされることが多く、立証は、脊椎・脊髄の専門医にお願いしなければなりません。

11　上位頚髄損傷　C1/2/3

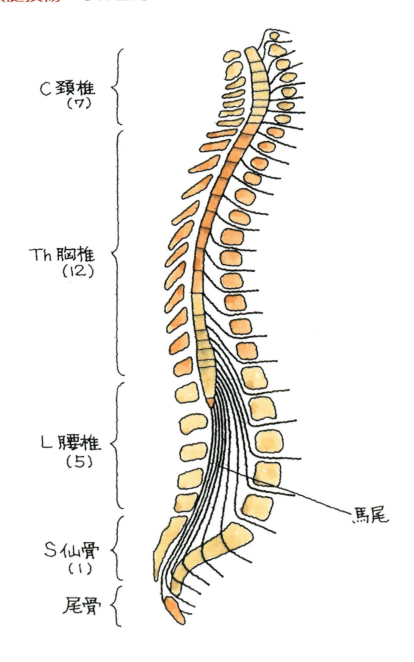

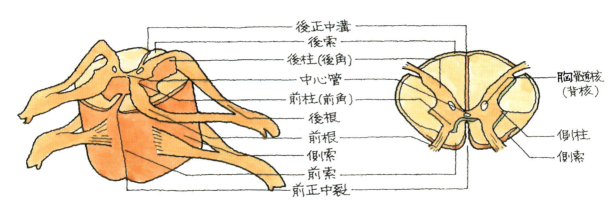

● 精神・神経系統の障害

脊髄損傷の部位	障害の内容
C5 より上	呼吸麻痺、しばしば死亡
C4/5、または C4 より上	完全な四肢麻痺
C5/6 の間	下肢の麻痺はあるが、上肢の外転、屈曲は可能
C6/7 の間	下肢、手首、手の麻痺があるが、肩関節の運動および肘関節の屈曲は通常可能、
Th1 より上	横断損傷があれば、縮瞳
Th11/12 の間	膝の上下の下肢筋麻痺、
Th12～L1	膝より下の麻痺、
馬尾	反射低下性または無反射性の不全麻痺が下肢に生じ、通常は神経根の分布域に痛みと触覚過敏が生じる、
S3/4/5	腸および膀胱機能の完全な喪失、

上記は、脊髄の損傷部位と障害の大雑把な分類を示したものです。
脊柱に強い外力が加えられることにより、脊椎を脱臼・骨折し、脊髄損傷を発症しています。
このうち、上位頚髄損傷、C1/2/3 に限局した横断型頚髄損傷を解説しておきます。

C1/2 では、先に環軸椎の脱臼・骨折・亜脱臼を説明していますが、これにとどまらず、横断型頚髄損傷をきたすと、肋間筋および横隔膜の運動を支配している神経が破断し、自発呼吸ができなくなります。
肋間筋および横隔膜の運動により、肺呼吸が機能しているのです。

この部位に、横断型頚髄損傷を発症すると、四肢体幹麻痺に加え、自発呼吸が麻痺することにより、人工呼吸器、レスピレーターに頼ることになります。
気管切開により、装着中は声を出すことができず、自力で排痰も不可能、四肢はピクリとも動かず、排尿・排便のコントロールもできず、垂れ流しとなります。
徐々に循環不全となり、死に至ります。
これまでに、2 例を経験していますが、非常にお気の毒で言葉もありません。

横断型脊髄損傷は、MRI で立証することができますが、日常生活の全面で、全介護が必要な状態であり、後遺障害は別表Ⅰの1級1号となります。

脊髄＝中枢神経系は末梢神経と異なり、非可逆性で損傷すると修復・再生することはあり得ません。
現代の医学でも、これを回復させる決定的治療方法は未だ発見されていません。

12　横隔膜ペーシング

東野圭吾さんの小説、「人魚の眠る家」を読みました。
6歳になる少女がプールで溺れ、脳死状態となり、脳死判定と臓器提供をテーマとする問題作なのですが、その少女は、最新式の横隔膜ペーシングを装着、人工呼吸器から解放され、気管切開を閉じて、自宅で生活するようになります。
本当に、そんな装置があるのか、大変驚いたので、ネットで検索しました。

すると、2014年1月9日、湘南藤沢徳洲会病院は、国内で初めてALS＝筋萎縮性側索硬化症の患者さんに横隔膜ペーシングの植え込み手術を実施したと掲載されていました。

横隔膜ペーシングは、呼吸のタイミングに合わせ、神経や筋肉に電気による刺激を与え、人工的に横隔膜を動かす装置で、これにより、患者さんは、人工呼吸器を外し、気管切開を閉じて退院、自由にしゃべることができて、その上自宅での生活ができることになりました。
オペは、腹腔鏡下で実施され、横隔膜に左右2本ずつ電極を植え込んだ後、リード線を腹腔外に出してペースメーカに接続して完了です。

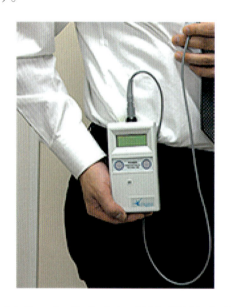

外部制御装置は、上記の大きさであり、カバンに入れて持ち運ぶことができる画期的なものです。
もちろん、自発呼吸のできない上位頚髄損傷の被害者にも適用できるものです。

レスピレーターに頼る被害者にとっては、福音をもたらすものですが、費用はアメリカFDAによれば、10万ドル、日本円で1100万〜1300万円、健保の適用はありません。
保険屋さんにとっては、悩み深い問題です。

13 脊髄損傷

膀胱の働きを調節する神経は、仙髄から大脳までの長い経路を走行しており、脊髄損傷では、損傷部位の高さにかかわらず、排尿障害を伴うことが予想されます。

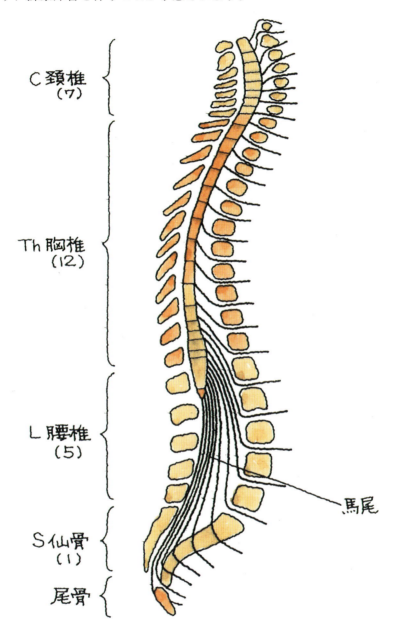

脊髄は脊椎によって囲まれた脊柱管というトンネルを通り、脳からの指令を手や足などの末梢に伝達し、反対に末梢からの信号を脳へ伝達する役割を果たしています。
顔面以外の運動や感覚は、すべて、この脊髄を介して行われているのです。
脊髄は、それぞれ左右へ末梢への枝を出しており、その枝の出ている位置から髄節という単位に分類され、頸髄は8、胸髄は12、腰髄は5、仙髄も5の髄節に分類されています。

脊髄が損傷されると、その障害された部位より下方向には、脳からの指令が伝達されなくなり、下からの信号も脳に伝達できなくなります。
そのため、運動麻痺、感覚、自律神経、排尿、排便障害などのさまざまな障害が生じます。

脊髄は脳と同様に中枢神経に分類され、成人では、神経細胞が損傷されると、現状では、その再生は困難であり、後遺障害を遺残することになります。

脊髄損傷では、高率に排尿障害を合併します。
膀胱に尿をためたり出したりする機能は、脊髄の一番下の部位にある排尿中枢というところで制御しているのですが、排尿中枢は大脳や脳幹部からの指令によって調節されており、脊髄のどの部位に障害を受けても、排尿障害は必ず起こるのです。
この病態は、神経因性膀胱と呼ばれています。
排尿障害には、膀胱にためる障害と排出する障害がありますが、脊髄損傷では、その両方が合併することが一般的です。
ためることができないと、膀胱が異常に収縮し、尿失禁が起こります。
膀胱の異常な収縮によって膀胱に高い圧力がかかると、徐々に膀胱が損傷され、変形してきます。
膀胱変形が進行すると、腎臓に負担がかかり、放置しておくと腎機能障害に発展、透析が必要な状態になることもあります。

同時に、脊髄障害では、尿をスムーズに排出することができなくなります。
ほとんどで、自分の力では、全く尿を出すことができません。
腹圧により、見かけ上は、排尿ができていることもありますが、膀胱に無理な力がかかる、出しきれずに尿が残る＝残尿などの問題があります。
排尿機能の障害でも、膀胱に負担がかかり、膀胱変形や腎機能障害をもたらすことが多いのです。

脊髄障害に対する対処は、間欠導尿法が最も優れた方法です。
異常な収縮に対しては、これを抑えるための抗コリン剤という薬の内服で対処されています。
間欠導尿ができないときは、カテーテルを常時留置することになりますが、この場合には膀胱瘻といって、下腹部にカテーテルを留置する人工的な穴を作る方法、膀胱瘻が、長期的には合併症も少なく最善の方法とされています。
膀胱瘻の造設には、簡単なオペが必要です。
排尿をどのようにしてコントロールするかは、日常生活における最も切実な問題です。

神経因性膀胱における後遺障害のキモ？

１）排尿の機能障害
排尿とは、貯留した尿を意図的に排出することであり、排尿機能障害は、排尿困難、残尿感あるいは尿閉などの症状として出現します。

①高度の排尿障害が認められるものは９級11号が認定されます。
排尿障害が認められるとは、脊髄損傷など神経因性の排尿障害の原因が明らかであると医師により診断されていることであり、高度の排尿障害とは、残尿が100㎖以上であることが超音波画像検査＝ウロダイナミクス検査で立証されていることを意味しています。

②中等度の排尿障害が認められるものは11級10号が認定されます。

● 精神・神経系統の障害

排尿障害が認められるとは、脊髄損傷など神経因性の排尿障害の原因が明らかであると医師により診断されていることで、中等度の排尿障害とは、残尿が50ml以上100ml未満であることが、超音波画像検査＝ウロダイナミクス検査で立証されていることを意味しています。

2）蓄尿の機能障害
蓄尿とは、一定量の尿を膀胱内に貯留することを意味しています。
蓄尿機能障害とは、尿失禁として現れ、尿意が保たれているときは、頻尿の症状となります。
尿失禁とは、無意識、意思に反して尿が尿道、または尿道以外から体外に漏れる状態を言います。

尿失禁は、3つに分類されています。
※持続性尿失禁
膀胱の括約筋機能が低下、または欠如しているため、尿を膀胱内に蓄えることができず、常に尿道から尿が漏出する状態のことで、膀胱括約筋の損傷、または支配神経の損傷により出現します。

※切迫性尿失禁
強い尿意に伴い、不随意に尿が漏れる状態であり、尿意を感じても、トイレまで我慢することができずに尿失禁が生じます。
頭部外傷により、脳の排尿中枢を含む排尿反射抑制路の障害が考えられます。

※腹圧性尿失禁
笑ったり、咳やくしゃみ、重い荷物を持ち上げたりしたとき、歩行や激しい運動などによって急激に腹圧が上昇したときに尿が漏れる状態を言います。
尿道外傷による括約筋の障害で生じることが考えられます。

①持続性尿失禁であると医師により認められるものは7級5号が認定されます。
持続性尿失禁とは、以下の2つの要件のいずれをも満たさなければなりません。
（1）膀胱括約筋の損傷、または支配神経の損傷が医学的に確認できること
（2）上記の損傷により蓄尿の機能が失われていることが医学的に確認できること
いずれも、超音波画像検査＝ウロダイナミクス検査で立証することができます。

②高度の尿失禁であると医師により認められるものは7級5号が認定されます。
尿失禁であるとは、切迫性尿失禁、または腹圧性尿失禁のいずれかの要件を満たすもので、また、高度の尿失禁であるとは、終日パッド等を装着しなければならず、かつ、パッドをしばしば交換しなければならないと医師により認められるものを言います。

③中等度の尿失禁であると医師により認められるものは9級11号が認定されます。
尿失禁であるとは、切迫性尿失禁、または腹圧性尿失禁のいずれかの要件を満たすもので、中等度の尿失禁とは、常時パッドを装着しなければならないが、パッドの交換までは要しないと医師により認められるものを言います。

④軽度の尿失禁であると医師により認められるものは11級10号が認定されます。

尿失禁とは、切迫性尿失禁、または腹圧性尿失禁のいずれかの要件を満たすもので、軽度の尿失禁とは、常時パッド等の装着は要しないが、下着が少し濡れると医師により認められるものを言います。

⑤頻尿を残すと医師により認められるものは11級10号が認定されます。
頻尿を残すとは、以下の3つのいずれの要件も満たさなければなりません。
(1) 器質的病変による膀胱容量の減少、または膀胱若しくは尿道の支配神経の損傷が超音波画像検査＝ウロダイナミクス検査で立証されていること、
(2) 日中8回以上の排尿が、医師の所見により認められること、
(3) 多飲など、頻尿となる他の原因が認められないこと、

14　脊髄不全損傷＝非骨傷性頸髄損傷

事故外傷で、XP、MRIの画像では、明確な骨折・脱臼所見がないのに、脊髄損傷と思われる症状が現れるケースが頻繁に発生しています。
不全とは、国語辞典によると、「活動や機能が完全でないこと、不完全」と解説されています。
脊髄不全損傷の不全とは、原因と損傷部位がハッキリしないことを意味しています。

この中には、MRIのT2強調画像で高輝度所見もなく、脊髄損傷の特徴的な神経学的所見、腱反射の亢進、異常反射の出現もなく、筋萎縮も認められない、つまるところ、心因性としか考えられない被害者も紛れ込んでいます。
お気の毒な状況ですが、心因性関与はプシコですから、排除しなければなりません。

さて、画像所見は確認できないものの、腱反射の亢進、異常反射が出現しており、著明な筋萎縮、上・下肢に麻痺が認められる被害者がおられます。
麻痺の発現には、脊柱管狭窄が素因となることが多く、頚椎に変性を有している中高年齢の被害者に好発しています。

脊柱管狭窄の因子は、遺伝的な狭窄症のケース、骨棘形成、椎間板膨隆や頚椎不安定性等の後天的な頚椎症性変化、後縦靭帯骨化症が考えられます。
多くは、先に説明した中心性頚髄損傷となり、上肢中心の症状となります。

しかし、画像所見が得られなければ、爺さん会は非該当、14級9号、12級13号の選択で、脊髄損傷としての認定はありません。

脊髄損傷の高位と程度を診断するには、MRI検査が有用です。
損傷部位は、C3/4が最も多く、急性期であれば、T2強調画像で高輝度が確認することができます。
慢性期では、T1強調画像でスポット状の低信号領域が出現し、その領域が広いほど脊髄損傷の程度は大きいと説明されています。

●精神・神経系統の障害

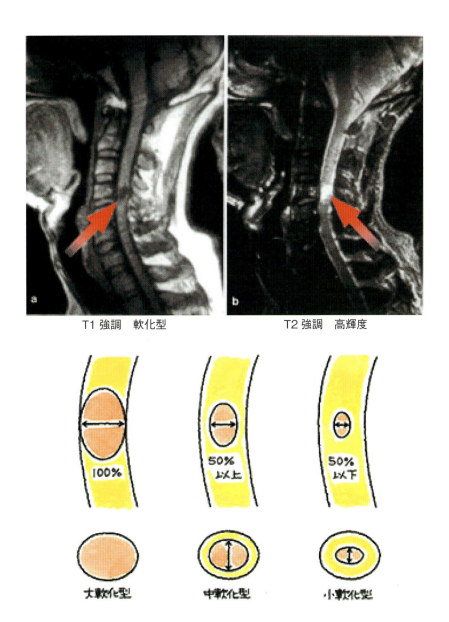

本来は、上記の説明の通りですが、固定術等が実施された被害者には、アーチファクトでMRI所見がとれないケースがあることを知っておく必要があります。

爺さん会の認定要件は、MRIのT2強調画像で高輝度が認められることです。
この画像所見が確認できるのは、受傷後の急性期、受傷からほぼ2カ月に限定されます。
慢性期にはT1強調画像で軟化型損傷を発見する必要があります。

MRI画像の精度ですが、目安としてT＝テスラ＝解像度が表示されています。
1989年前後にMRIを導入した病院は、0.3～0.5Tですが、1998年以降は1.5Tが主力で、現在では3Tも登場しています。当然ながら、数字が高いほど鮮明な画像が得られます。

MRIの健康保険請求点数は1247点ですから、診療費は1万2470円となります。
どうせ支払いをするのであれば、1.5Tを選択したいものです。
被害者が治療先の機器の精度をチェックする、時代はそこまで進化しているのです。

しかし、アーチファクトが発生していれば、MRIでの立証は絶望的です。
SSEP、MEP、サーモグラフィー、針筋電図検査の補助的診断で立証を行い、Nliro調査事務所に過度な期待を抱くことなく、訴訟で決着をつけることになります。

※アーチファクト、artifact
人工の産物、本来は存在しないものを意味しています。
頚椎などの固定術では、ドリルを使用して骨切りを行うのですが、微少なドリルの鉄粉が残り、この鉄粉がMRIの磁場に反応して画像がぼやけ、ハッキリと写りません。
肺のCT検査では、どんなに上手に息を止めても心臓は動いています。
それにより、心臓周辺の組織はぶれて写り、気管支や血管がぶれて腫瘍のように見えることがあるのですが、そこに本当の腫瘍はありません。これを人工産物、アーチファクトと呼んでいます。

SSEP、MEPの検査所見ですが、現状で、爺さん会は有意な所見とは考えていません。
あくまでも、補助的な立証とされ、中心的にはMRI画像一辺倒の判断となっています。

前方固定術や脊柱管拡大形成術が実施されたものは、脊柱に奇形・変形の範疇で捉えて、11級7号が、軟部組織に器質的損傷が確認され、脊柱の可動域が2分の1以下に制限されたものは、8級2号が認定されています。

固定術ではなく、保存療法にとどまるものは、14級9号、12級13号、稀に9級10号が認定されるにとどまっています。

脊髄損傷では、神経系統の機能の異常に該当し、後遺障害等級は、1、2、3、5、7、9、12、14級の8段階からの選択となります。

脊柱の奇形・変形では、日常生活で大きな支障が生じることは少なく、裁判では、逸失利益の積算で、喪失率の減額や喪失年数の短縮化が目立ちます。
これらの手術で、脊髄に対する圧迫が排除され、症状が一気に改善している被害者は、これでもやむを得ないと考えています。

圧迫を除去しても、脊髄に不可逆的な損傷をきたしている場合は、術後もスッキリとした改善が得られず、治療の方法もありません。
このケースでは、神経系統の機能の異常を立証して、8段階の選択を求めることになります。

自賠書式には、脊髄判定用の用紙があり、後遺障害診断書と一緒に主治医に示して診断と作成をお願いしなければなりません。

脊髄不全損傷＝非骨傷性頚髄損傷における後遺障害のキモ？

1）交通事故の相談を受ける行政書士、弁護士であれば、必ず、複数例の苦い経験をしています。
つまり、脊髄損傷ではないのに、そう、思わされるのです。

●精神・神経系統の障害

私も、騙しにかかった被害者を含めると、これまでに7例を経験しています。
おおむね、無料交通事故相談会には、被害者は、車椅子に乗って登場します。
治療期間は、最低でも、2年以上です。
どこから拝見しても、本当にお気の毒な状態ですが、心因性の被害者であることが多いのです。

しかしながら、近年は、決して騙されることはありません。
最初に、深部腱反射検査、筋萎縮検査を行い、正常であれば、対応をお断りしているからです。

2）MRI所見が得られているときは、立証に苦労はありません。
しかし、受傷から2、3年が経過し、MRIで有意な所見が得られていないときは、大変に苦労します。

針筋電図検査で、神経原性麻痺が確認できれば、画像と同レベルの他覚的所見となります。
ところが、多くの神経内科は、陳旧性＝古傷の脊髄損傷の立証を嫌がる傾向です。
やっと許可してくれても、おざなりな検査では、所見を得ることができません。
首都圏、近畿地区、福岡では、検査先を確保しており、問題はありませんが、それ以外のローカルでは、いつも大汗をかいています。

3）多くの被害者は、長期の療養で、家計が破綻しており、時間的な猶予もありません。
しかし、立証に成功して目標等級が認定されたときは格別で、この喜びがあるから、今も、駆けずり回っているのです。

15　脊髄の前角障害、前根障害

先に、脊髄の中心部が損傷する中心性頚髄損傷を説明していますが、本症例は、脊髄の前角部あるいは前根部が損傷したものです。
いずれにしても、脊髄損傷のカテゴリーであり、ムチウチではありません。

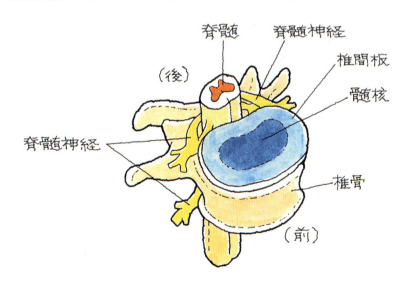

41

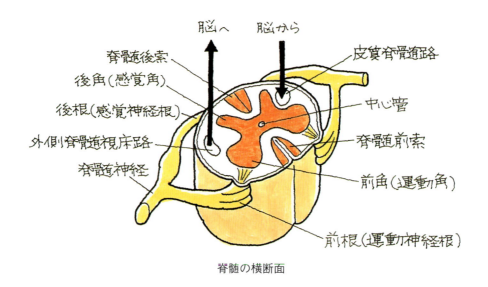

脊髄の横断面

脊髄の中心部には、蝶のような形をした灰白質があります。
1つの脊髄末梢神経では、第1脊髄神経を除き、2つの神経根が存在しています。
①前根＝運動神経根
脳や脊髄からの信号を、運動神経根を経由して筋肉に伝達しています。

②後根＝感覚神経根
灰白質の後方にあって、触覚、姿勢、痛み、温度などの感覚情報の信号を体から脊髄に伝えます。

※信号の経路？
信号は、脳に行くものと、脳から来るものがあり、それぞれ別の経路を通ります。

①外側脊髄視床路　感覚神経根で受けた痛みや温度の信号が、この経路を通って脳に伝わります。
②脊髄後索　感覚神経根で受けた腕や脚の位置信号が、この経路を通って脳に伝わります。
③皮質脊髄路　筋肉を動かす信号が、この経路を通って脳から運動神経根に伝わり、運動神経根を通じて筋肉に伝わります。

交通事故では、正面衝突など、前方向からの大きな衝撃により発症するもので、少数例の経験です。

症状は、頚椎症性脊髄症と同じで、圧迫部位より下の手・足の症状、箸が持ちにくい、字が書きにくい、ボタンがはめにくいなど、手指の巧緻運動が困難で、著明な筋萎縮と筋力低下、弛緩性運動麻痺が認められ、片側性が多いのですが、両側性も報告されています。

頚椎症性脊髄症では、下肢が突っ張って歩きにくい、階段を降りるとき足がガクガクする、上肢の筋萎縮、脱力、上下肢および体幹のしびれ、症状がさらに進行すると膀胱直腸障害も出現しますが、前角障害、前根障害では、下肢に症状が認められることと、知覚障害は、ほとんどありません。

●精神・神経系統の障害

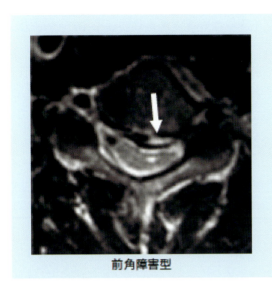
前角障害型

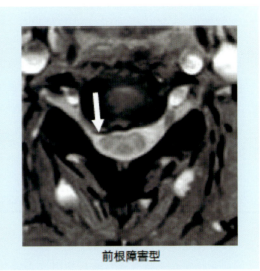
前根障害型

C5/6では、三角筋、上腕二頭筋、棘上筋、棘下筋、腕橈骨筋に筋萎縮が認められます。
回外筋の筋力低下は認められますが、回内筋の筋力は保たれていることが多いのです。

C7では、上腕三頭筋の筋萎縮が認められます。
翼状肩甲を合併することが多いと報告されています。
回内筋の筋力低下を合併することが多いとも報告されています。

※翼状肩甲とは？

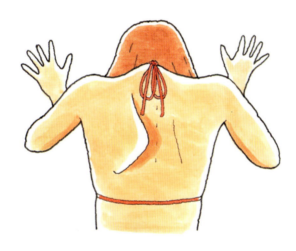

上腕を挙上する際に、肩甲骨の内側縁が浮き上がります。
これが、天使の羽根のように見えるので、翼状肩甲骨と呼ばれています。
正常肩関節では、上腕を90°以上挙上するときには、肩関節だけでなく、肩甲骨の内側で前鋸筋や僧帽筋の働きで、肩甲骨が胸郭の外側を滑るように前方に移動し、下端が上方に回転しています。
前鋸筋の麻痺では、肩甲骨の内側縁が浮上し、翼状肩甲骨となり、上腕の屈曲ができなくなります。

C8では、小手筋、第1背側骨間筋の筋萎縮が見られ、総指伸筋の筋力低下で垂れ指となります。
手指背屈位でMP関節の背屈ができず、小指外転筋の筋萎縮、尺側手根伸筋の筋力低下が認められます。

立証は、病変の広がりについては、針筋電図による脱神経所見の検索が有用です。

頚椎MRI、ミエログラフィー、NCV、MEPなど電気生理学検査も実施されています。

前角障害と前根障害の２つがありますが、前角障害では、神経の回復が不可逆性になる可能性が高く、早期オペの適応となります。
前角障害、前根障害は、頚椎症性筋萎縮症と診断されることもあります。

前角障害、前根障害における後遺障害のキモ？

１）東京の交通事故無料相談会ですが、傷病名は、右肩腱板損傷ですが、持参されたMRIでは、腱板損傷を確認することができません。
このままでは、後遺障害は非該当が予想されるところから、精査受診対応で専門医を受診しました。
結果、頚椎前角障害が診断され、腱板損傷は否定されました。

前医は、C5/6前角障害により、三角筋、上腕二頭筋、棘上筋、棘下筋、腕橈骨筋に著明な筋萎縮が認められたのですが、この筋萎縮を、右肩腱板損傷と診断したものと思われます。

その後、被害者は入院となり、頚椎前方固定術が実施されました。
脊柱の変形で11級7号、三角筋、上腕二頭筋、棘上筋の筋萎縮による右肩関節の機能障害で12級6号、併合10級が認定されました。

２）頚椎の固定術について？
痛みや不快感を訴える症例では、まず、保存的治療が選択されます。
それでも改善が得られないときは、オペの適応となりますが、頻度は少ないものです。
先の痛みに加え、筋力低下や筋萎縮の神経脱落症状を示している症例では、躊躇なくオペが選択されています。

頚椎前角障害のオペは、前方固定術、後方椎間孔拡大術、椎弓形成術が行われています。
予後については、痛みに比べてしびれが消退しにくく、C5/6、近位型に比べてC7/8遠位型の麻痺がなかなか改善しにくいと報告されています。

３）頚椎前角障害と診断されたときは、オペが優先されます。
症状固定は、オペ後4カ月を経過した段階で決断することになります。
針筋電図で、棘上筋から小指外転筋に至るまでの脱神経所見を検証します。
日常生活の支障は、脊髄症状判定用の用紙に、主治医の記載をお願いしなければなりません。

16　脊髄の後角障害、後根障害

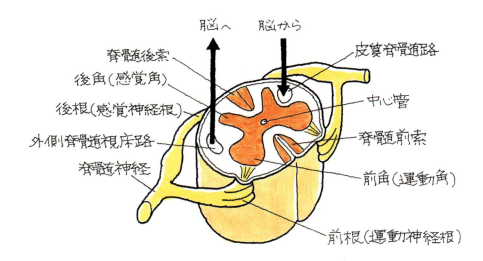

先に、頚髄前角部の損傷である前角障害、前根部の損傷である前根障害を説明していますが、本症例は、頚髄の後部に位置する後角部あるいは後根部が損傷したものです。
脊髄損傷のカテゴリーであり、ムチウチではありません。

後角部には、感覚性の神経細胞が多数集合しており、触覚、姿勢、痛み、温度などの感覚情報の信号を体から脊髄に伝えています。
後根障害では、すべての感覚線維が障害されるが、温・痛覚障害を残すものの、触覚は侵されることが少ないと報告されています。

後根は、脊髄神経のうち、感覚神経が脊髄に入り込む神経根であり、体性感覚または内臓感覚の情報がここを通って中枢にもたらされています。
後根が障害されると、体の一部分の体性感覚が麻痺し、神経根痛を発症します。

※体性感覚？
目・耳・鼻・舌などの感覚器以外で感知する感覚のことで、触覚、痛覚などの皮膚感覚、筋の収縮状態を感知する深部感覚、内臓の痛覚などを体性感覚と呼んでいます。

交通事故における受傷機転や症状、治療法については、経験則がなく解説ができません。
後遺障害の立証は、前角障害、前根障害に同じと考えています。
今後の経験で追加記載をしていく予定です。

17　バーナー症候群

アメフト、ラグビー、レスリングなどのコンタクトスポーツで相手と接触した際に、首が強く横方向に曲げられる、伸ばされたりしたとき、首、肩〜手に向かって電気が走る、焼け付くような痛み、しびれと脱力を訴えます。

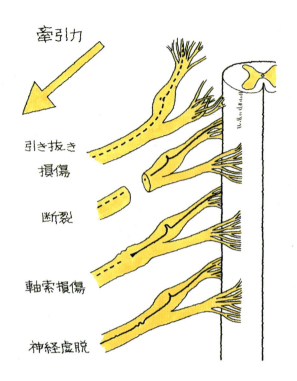

バーナー症候群は、頚〜肩に走行する神経の束＝腕神経叢が一過性に引き伸ばされて起こる症状で、軸索損傷もしくは神経虚脱に相当するものと考えられています。
交通事故では、交差点における出合い頭衝突で、横方向から頚部に強い衝撃を受けたときに発症していますが、多数例ではありません。

一般的なムチウチに比較すれば、症状は片側の上肢の灼熱痛、タンスの角で肘をぶつけたときに起きるしびれがずっと継続している、箸を使用して食事ができないなど、深刻で大袈裟なものです。

バーナーで炙られたような痛みから、バーナー症候群と呼ばれているのです。
しかし、これらの症状は、長くても3カ月前後で軽快、消失していきます。
バーナー症候群に限って言えば、後遺障害の対象ではありません。

バーナー症候群における後遺障害のキモ？

1）これまでに、この傷病名については、10例ほどの経験があります。
コンタクトスポーツによる受傷では、頚椎の安静と症状が治まってから、再発予防のための頚肩部の筋力訓練のリハビリが実施されており、症状が緩解するまでは、スポーツ時は肩パッドや装具を着用が指示されています。

2）交通事故では、大多数で頚椎捻挫と診断されます。
バーナー症候群の傷病名は、整形外科・開業医にとっては、メジャーではありません。
症状を訴えても、基本、相手にはされません。
この記事を読破しておられる被害者は、慌てる必要はありません。
いずれにしても、頚椎捻挫で後遺障害の獲得をめざします。

そのためには、
①リハビリ設備の整った整形外科・開業医で、まじめにリハビリ通院します。
まじめとは、3日に1回、1カ月に10日のリハビリ通院を積み上げていきます。
そして、決して整骨院、接骨院で施術を受けてはなりません。
施術は、治療実績として評価されていません。
施術を続ければ、後遺障害が認められることはありません。

②できるだけ早く、頚部のMRI撮影を受けておきます。
頚部捻挫では、末梢神経障害が後遺障害の対象です。
そして、末梢神経障害は、XP、CTでは描出できないのです。

左右いずれかの頚部、肩～上肢、手指にかけて重さ感、だるさ感、しびれの症状があれば、それこそが末梢神経、神経根の圧迫による障害です。
末梢神経障害に対しては、リリカの内服で改善が得られています。

③そして、受傷から6カ月を経過すれば、保険屋さんに治療の打ち切りを打診される前に、症状固定、後遺障害診断を選択するのです。
6カ月間、まじめに治療を続けても、改善が得られない症状が、あと、1、2カ月の治療で治癒する？
こんなバカげたことを考えるものではありません。
後遺障害を獲得して、弁護士による実利ある解決をゲットするのです。

3）交通事故110番では、2016年6月から0120-716-110で電話による相談を開始しています。
当初は、5本程度でしたが、現在では、15～20本の相談がなされています。

その中で、気になる情報があります。
整骨院、接骨院における施術は、受傷から3カ月に限り、認めるというものです。
今のところ、全労済と、沖縄の大同火災が、このような態度を明らかにしています。
これまでは、整骨院の施術を認めておいて、後遺障害では非該当？
言ってみれば、だまし討ちが多数でした。
保険屋さんとしても、真剣に、整骨院を閉め出しにかかったものと思われます。

もっとも、相談の被害者は、突然の打ち切りに困惑、激怒しているのですが？
「整骨院で施術を受けると、後遺障害は否定されますよ！」私は一生懸命、説得を続けています。

18　脊髄空洞症

脊髄の中心部に脳脊髄液がたまった空洞ができることにより、脊髄を内側から圧迫して、さまざまな神経症状を発症する病気です。
発症に男女差はなく、あらゆる年齢層にみられます。

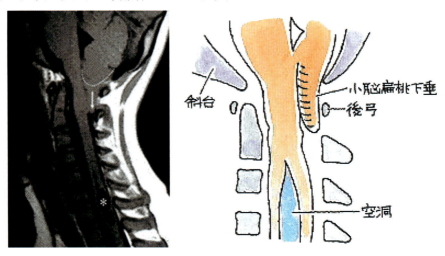

頚髄に発生することが多いため、上肢や手の痛みまたは感覚障害で始まることが多く、空洞が拡大すると手や腕の麻痺や筋萎縮、歩行障害、さらには排尿や排便の障害が出てきます。

上肢にみられる感覚障害には特徴があり、温痛覚＝温度や痛みの感覚は障害されますが、触覚と振動覚・位置覚などの深部感覚は保たれる、このことを解離性感覚障害と言います。
そのため、腕を強くつままれたときに、触れられたという感覚はあるのに、痛みを感じない、あるいは火傷をしても熱さを感じないということが起こります。

空洞が延髄におよぶ延髄空洞症では、顔面の感覚障害や嚥下障害が起こります。
このため食事の際に飲み込みが悪くなり、飲み込んだ水分が誤って気管に入る誤嚥が発生します。

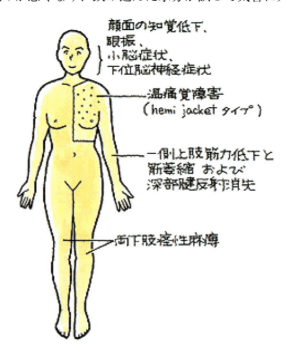

●精神・神経系統の障害

感覚障害などの症状に対しては、薬剤による対症療法を行います。
キアリ奇形に伴う脊髄空洞症では、大後頭孔減圧術と呼ばれる外科的手術を行います。
この手術は頭から頚部に移行する部分で脊髄周辺の空間を広げて、髄液の流れをよくするというもので、多くの例で、空洞が縮小して、症状も軽快します。
しかし、症状がある程度以上進行してしまったあとで手術をしても有効でないことが多いので、早期に診断して治療することが大切です。

空洞のできる詳しいメカニズムは、不明な部分が多いのですが、脊髄空洞症は原因により、以下の5つに分類されています。

①キアリ奇形に伴う脊髄空洞症、
アーノルド・キアリ奇形＝小脳の下端が脊椎の方向に垂れ下がったようにめり込んでくる奇形、後頭部の奥にある小脳が生まれつき脊髄の方へ下に落ち込んでいる小脳扁桃下垂がキアリ奇形の特徴で、これはMRIで確認ができます。

キアリ奇形による脊髄空洞症であれば、残念ですが、交通事故受傷との因果関係は完全否定され、後遺障害の獲得は、スッパリとあきらめなければなりません。

症状としては、片手の痛みや温度に対する感覚が鈍くなり、やがて両手の力が入らなくなります。
症状の進行はゆっくりですが、治療せずに放置したときは、約半数の人は20年以内に下肢にも麻痺が進行し、車椅子が必要になると言われており、ただちに手術適用となります。

亀田京橋クリニック　脊髄空洞症外来
医師　阿部　俊昭　東京慈恵会医科大学脳神経外科名誉教授
東京都中央区京橋3丁目1番1号　東京スクエアガーデン4階
毎月第一木曜　14:00-16:30
電話予約センター　03-3527-9201 で予約が必要です。

日本における脊髄空洞症の手術の第一人者は、阿部俊昭主任教授です。
交通事故110番からは、この5年間で複数の被害者が慈恵医科大で手術を受けて改善を得ています。

頭蓋から脊柱管に移行する部分を大後頭孔と呼びますが、この空間を拡げることによって、髄液の流れを良くする大後頭孔拡大術が選択されています。
これは、本来頭蓋内に収まっているはずの小脳の一部が大後頭孔を経て脊柱管内に下垂しているキアリ奇形により、脳脊髄液の交通が妨げられ空洞が形成されているケースで有効なオペです。
大多数は、術後1カ月ほどで空洞を縮小させることができ、症状も改善します。

脊髄空洞内に直接細いチューブを挿入し、空洞内にたまった水を他の場所に流すようにする手術は空洞短絡術と言います。空洞の水をカテーテルで、くも膜下腔に流す方法が一般に行われています。
空洞から、腹腔部、胸腔部に流すこともあります。
この手術は、比較的簡単で有効です。

②外傷後脊髄空洞症、
損傷部の髄膜癒着に起因する脊髄の係留効果と髄液の環流障害が関与していると言われています。
キアリ奇形がMRI画像で否定されるケースでは、後遺障害獲得の可能性が出てくるのです。
症状の現れ方は、空洞の大きさや長さによって異なります。
私の経験則では、複数例で9級10号が認定されています。

名称　　独立行政法人　労働者健康福祉機構　総合せき損センター
所在地　福岡県飯塚市伊岐須550-4
TEL　　　0948-24-7500
病院長　芝　啓一郎

さて、芝院長は、平成19年「整形外科と災害外科56」で頚椎症性脊髄症による脊髄空洞症を発表しています。
両前腕痛、四肢のしびれ、歩行障害を訴える85歳の男性について、脊髄圧迫による髄液環流障害に起因する脊髄空洞症と診断、空洞自体の処置は行わずにC3〜7の頚椎椎弓形成術を行っています。
http://www.jstage.jst.go.jp/article/nishiseisai/56/4/623/_pdf/-char/ja/
MRI所見では、C4/5では後方より、C5/6では、前方からの圧迫が高度であることが確認でき、そしてC3/4/5の後方の脊髄に空洞症が認められます。
空洞自体の処置は行わずにC3〜7の頚椎椎弓形成術を行った結果、空洞は消失しています。
この画像では、小脳扁桃下垂＝キアリ奇形は認められません。

脊髄の圧迫による髄液環流障害をきたしたケースで、圧迫の原因は頚椎症性脊髄症＝変形性頚椎症です。
除圧手術のみで空洞は消失、両前腕痛は軽快、痙性歩行も改善しています。
本件は交通事故ではありませんが、事故であるとするなら、11級7号、8級2号の選択となります。

5年間に12例の経験、しかも7例はキアリ奇形ですからドボンで、後遺障害がとれません。
それでも、私は、虎視眈々と医学論文をチェックし続けています。

脊髄空洞症における後遺障害のキモ？

1）キアリ奇形に伴う脊髄空洞症であると診断されたときは、後遺障害の獲得をあきらめます。
交通事故をきっかけに、キアリ奇形が発見されたのであり、交通事故をきっかけにキアリ奇形が発症したのではありません。後遺症はあきらめるのですが、放置しておくと車椅子状態も予想されます。
紹介している専門医を受診し、オペによる改善をめざしてください。

2）キアリ奇形ではない、外傷後脊髄空洞症と診断されたときは、後遺障害の獲得をめざします。
事故後の経過で、空洞の大きさや長さが拡大しているときは、オペが選択されます。
専門医を受診し、オペを受けて改善をめざします。

空洞の大きさや長さが縮小しているときは、オペの選択はなく、保存療法による経過観察となります。

いずれであっても、脊髄空洞症はMRI画像で、発症している神経症状、片手の痛みや温度に対する感覚が鈍い、両手の握力の低下などを丁寧に拾い上げ、専門医には、自賠書式、脊髄症状判定用に記載をお願いして立証しています。

後遺障害等級は、神経系統の機能の障害であれば、9級10号をめざすことになり、3椎以上の脊柱管拡大形成術が実施され、神経系統の機能の障害が消失したときは、11級7号、8級2号をめざすことになります。

19 頸椎症性脊髄症？

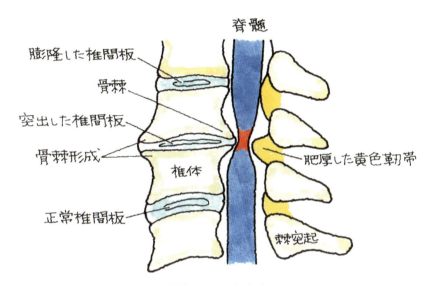

頸椎は、18歳頃から、年齢とともに変化・変性していきます。
具体的には、椎間板の水分が少しずつ蒸散し、弾力を失って座布団の役割が果たせなくなり、椎骨どうしが直接的に擦れ合って変形し、骨の配列の形が変化・変性してくるのです。

頸椎に年齢的な変化・変性が起こることを頸椎症、変形性頸椎症と呼ぶのですが、このことは、誰にでも、平等に起こることであり、変性自体は疾患ではありません。
ところが、変形性頸椎症の進行により、脊髄や神経根が圧迫され、痛み、しびれ、麻痺が出てくると、頸椎症性脊髄症あるいは頸椎症性神経根症という傷病名、疾患となります。

頸椎の中には、脊髄・中枢神経と神経根・末梢神経が通っています。
脳から脊髄が下行し頸椎の中に入り、神経根を介して手に神経が出て行きます。
あるいは、脊髄は頸椎を走行して、足の方へ下行していきます。

頸椎症性神経根症では、脊髄から外へ出てきた神経根という神経が圧迫されるために、手のしびれ、手の痛み、頸部〜肩、腕、指先にかけてのしびれや疼痛、そして、手の指が動かしにくいなどといった、上肢や手指の麻痺の症状が出てきます。
脊髄は圧迫されていないので、上肢の症状だけが出現します。

ところが、頸椎症性脊髄症では、脊髄が圧迫されるので、圧迫部位より下の手・足の症状、箸が持ちに

くい、字が書きにくい、ボタンがはめにくいなど、手指の巧緻運動が困難となり、下肢が突っ張って歩きにくい、階段を降りるとき足がガクガクする、上肢の筋萎縮、脱力、上下肢および体幹のしびれ、症状がさらに進行すると膀胱直腸障害も出現します。

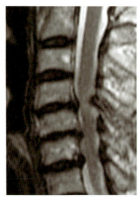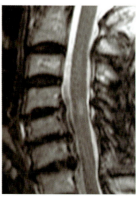

左受傷時のMRIでは、C4/5/6/7でヘルニアが脊髄を圧迫しています。
右術後のMRIでは、脊髄の流れが保たれています。

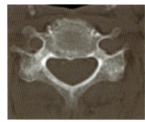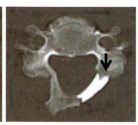

右のMRIでは、片開き式椎弓形成術が実施されています。
ハイドロキシアパタイトのスペーサーにより、脊柱管が拡大されています。

頚椎症性神経根症では、ほとんどで保存療法が選択されています。
しびれに対してはリリカが処方され、疼痛が強いときは、ステロイドホルモンの内服が実施されます。
就寝時には、頚部を前屈させる枕を使用、頚部を後屈させないように矯正します。
安静加療と内服で、症状は徐々に改善していきます。

頚椎症性脊髄症では、オペが選択されます。
オペは、前方除圧固定術が一般的ですが、MRIで3カ所以上の広い範囲に脊髄の圧迫が認められるとき、脊柱管がやや狭まっているときは、後方からの椎弓形成術が行われています。

頚椎症性脊髄症における後遺障害のキモ？

1）歳のせい、事故のせい？
交通事故では、ここが大問題となります。
保険屋さんは、変形性頚椎症と聞けば、こうなったのは、歳のせい？の大合唱です。

ところが、医学では、先にも説明していますが、変形性頚椎症は、一定の年齢に達すれば誰にでも認められるもので、特徴であって、疾患、つまり病気ではないと断言しており、さらに、東京・名古屋・大阪の3地方裁判所は、年齢相応の変性は、素因減額の対象にしないと合議しているのです。
医師と裁判官が、言い切っているのですから、被害者はなにも、びびることはないのです。

事故前に症状がなく、通常の日常生活をしており、頚椎症で通院歴がなければ、事故後の症状は、事故受傷を契機として発症したと考えればいいのです。

2）立証は緻密に？
後遺障害の立証では、もう少し緻密に進めています。
例えば、3椎以上の頚椎に、椎弓形成術を受けたものは、11級7号が認定されます。
脊髄症状に改善がなければ、神経系統の機能障害で9級10号、7級4号も期待されるのです。

これらが、因果関係ではねられては困りますから、受傷2カ月で撮影されたMRIで頚椎の変性状況を検証し、年齢相応の変性が認められるか、どうかの主治医の診断書を取りつけます。
これでも不十分と思われるときは、放射線科の専門医に年齢相応の変性であるかどうか、鑑定を依頼して、鑑定書を添付しておきます。
後遺障害の申請では、機先を制することが重要です。

3）被害者の覚悟？
頚椎の変性が大きく、疾患に相当する変形性頚椎症であると診断されたときには、示談交渉では、民法722条2項が類推適用され、素因減額の対象となります。
後遺障害等級も、それらにより薄められることが予想されます。
事前に判明したことは、その通りに説明し、被害者にも覚悟を促しています。

最高裁　S63-4-21 判決
「素因減額とは、被害者に実際に生じた損害が、その事故によって通常発生するであろうと考えられる損害の程度と範囲を逸脱している場合に、その損害拡大が被害者自身の心因的要因や事故前からの基礎疾患に原因があると認められるときは、その拡大損害部分については被害者の自己負担とし、賠償の対象としないものとする。」

20　後縦靭帯骨化症　OPLL

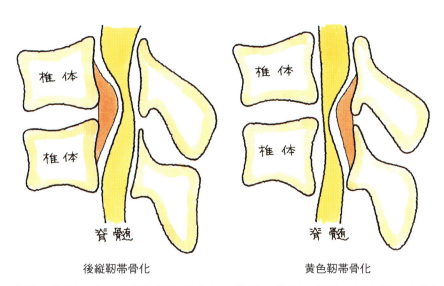

後縦靭帯骨化　　　　　黄色靭帯骨化

椎体の背中側で脊髄の前側には、後縦靭帯が縦走し、椎弓の前側で脊髄の背中側には黄色靭帯が縦走し

ています。これらの靭帯で椎体骨は補強され、安定しているのです。

後縦靭帯骨化症とは、脊髄の前方に位置する後縦靭帯が肥厚し、骨化した結果、脊髄の走行している脊柱管が狭くなり、脊髄や脊髄から分枝する神経根が圧迫されて知覚障害や運動障害などの神経障害を発症する疾患、つまり病気です。

交通事故で後縦靭帯が骨化することはありません。

後縦靭帯骨化症は頚椎に多く、黄色靭帯骨化症は、胸椎に多い疾患です。

後縦靭帯骨化症　OPLLにおける後遺障害のキモ？

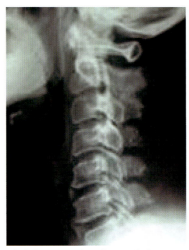

中央部の縦に白い線が骨化巣です。

1）OPLLでも、ほとんどの被害者は、「事故前に症状がなく、通常の日常・社会生活であったが、事故直後から脊髄症状が出現、就労不能となり、オペに至った？」と事故後の症状経過について説明します。

保険屋さんは、事故との因果関係を否定、元々の疾患・病気と主張して譲りません。

被害者として、納得ができないのは分かりますが、XP、CTで後縦靭帯の骨化巣が確認されたときは、疾患を否定することはできません。

弁護士が、保険屋さんと協議、示談交渉を続けますが、かなりな素因減額は免れません。

請求できるものは、外傷性頚部症候群としての平均的な損害賠償であり、6カ月間の治療費、慰謝料、3カ月程度の休業損害、通院交通費に過ぎません。

事故発生状況によっては、14級9号の後遺障害が期待できますが、それ以上ではありません。

入院・手術の治療費、入院雑費、この間の休業損害は否定される傾向です。

あきらめるべきは、あっさりとあきらめるよう、丁寧に説明をしています。

2）厚生労働省は、後縦靭帯骨化症を公費対象の難病と指定しており、以下の条件を満たせば、治療費は国庫負担されています。

①画像所見で後縦靭帯骨化または黄色靭帯骨化が証明され、それが神経障害の原因となって、日常生活上支障となる著しい運動機能障害を伴うもの、

②運動機能障害は、日本整形外科学会の頚部脊椎症性脊髄症治療成績判定基準の上肢運動機能Ⅰと下肢運動機能Ⅱで評価・認定されており、頚髄症では、上肢運動機能Ⅰ、下肢運動機能Ⅱのいずれかが2以下、ただしⅠ、Ⅱの合計点が7でも手術治療を行うときは認められています。

胸髄症・腰髄症では、下肢運動機能Ⅱの評価項目が2以下、ただし、3でも手術治療を行うときは認められています。

上肢運動機能Ⅰ	
0	箸またはスプーンのいずれを用いても自力では食事をすることができない、
1	スプーンを用いて自力で食事ができるが、箸ではできない、
2	不自由ではあるが、箸を用いて食事ができる、
3	箸を用いて日常食事をしているが、ぎこちない、
4	正常

※利き手でない側については、紐結び、ボタン掛けなどを参考とする、
※スプーンは市販品であり、固定用バンド、特殊なグリップなどを使用しない、

下肢運動機能Ⅱ	
0	歩行できない、
1	平地でも杖または支持を必要とする、
2	平地では杖または支持を必要としないが、階段ではこれらを要する、
3	平地・階段ともに杖または支持を必要としないが、ぎこちない、
4	正常

※平地とは、室内または、よく舗装された平坦な道路、
※支持とは、人による介助、手すり、つかまり歩行の支え、

症状の程度が上記の重症度分類等で一定以上に該当しないが、高額な医療を継続することが必要なときは、医療費助成の対象とされています。
これ以上の詳細や手続きは、厚生労働省のホームページ、指定難病をチェックしてください。
http://www.nanbyou.or.jp/entry/98

当事務所は、厚生労働省に対する難病指定と治療費の国庫負担について、申請を行っています。
被害者が安心して療養できるように、サポートを続けています。

21　腰部脊柱管狭窄症？

脊髄が走行している脊柱管のトンネルが狭くなり、脊髄や神経根が圧迫されている病気・疾患を脊柱管狭窄症と言い、狭窄の原因は、先天性の骨形成不全、後天的なものとしては椎間板ヘルニア、分離・すべり症、加齢に伴う椎間板、椎体、椎間関節や椎弓の退行性変性、軟部組織の肥厚によるものであり、そのためか、負担のかかる腰部に多く発症しています。
いずれにしても、交通事故外傷で脊柱管が狭窄することはありません。

神経が圧迫されることで、狭窄のある部分の痛みや、下肢の痛み、しびれなどが出現します。
腰部の脊柱管狭窄の特徴的な症状として、歩いたり立ち続けたりしていると、下肢に痛みやしびれが出て歩けなくなり、しばらく休むと、症状が無くなるを繰り返す、間欠性跛行があります。

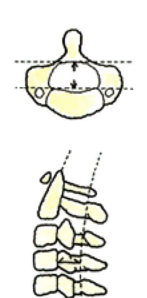

神経根が障害されると、下肢や臀部の痛み、しびれが、馬尾神経では、下肢や臀部にしびれ・だるさ感があり、頻尿などの排尿障害や排便障害をきたすこともあります。

頚部や胸部、腰部におよぶ広範脊柱管狭窄症では、四肢や体幹の痛み、しびれ、筋力低下、四肢の運動障害、間欠性跛行や排尿障害、排便障害をきたすことがあります。

確定診断はMRI画像で行われています。
各椎体の後方には、日本人の平均で前後径、約15mmの脊柱管があり、脊髄はこの中を走行していますが、基準として前後径が12mmになり、症状が出現していれば、脊柱管狭窄症と診断されます。

全体の70％は保存的療法で改善が得られています。
投薬による疼痛管理がなされ、温熱や電気による物理・運動リハビリが実施されています。
神経周囲の血流障害で症状が強くなることから、血管を拡張し、血流量を増やす薬剤の投与も実施されています。
脊柱管は腰が反ることで狭くなりやすいため、前屈位の保持を目的に装具を装着することや、運動療法では主に姿勢の改善や腹部の筋力強化、ストレッチなどを行うことで症状を改善させていきます。

保存療法では症状が改善しないとき、症状が急激に進行中のとき、馬尾神経が圧迫され、膀胱・直腸障害の出現で、日常生活に大きな支障をきたすときは、オペ適応となります。

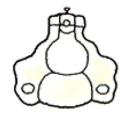   

従来の手術では、狭くなった脊柱管を広げることで症状を改善させていきます。
近年、これらのオペでは、専門医が内視鏡や顕微鏡を活用して効果を上げています。

腰部脊柱管狭窄症における後遺障害のキモ？

1）本当に、腰部脊柱管狭窄症の確定診断がなされているのか？

被害者のMRI画像所見は、変形性頚椎症＝変形性脊椎症に類似しています。
また、訴える症状は、脊髄の圧迫が主であれば脊髄症を、神経根の圧迫が主であれば神経根症を、さらには、両方の症状を示すこともあり、この点、変形性脊椎症、頚椎症性脊髄症＝脊椎症性脊髄症に酷似しているのです。

私は、MRI画像から脊柱管の前後径を計測し、本当に12mm以下であるかを検証しています。
ところが、臨床の現場では、緻密な検証がなされないまま、脊柱管が狭窄気味かな？　そして脊柱管狭窄症と診断されているものがほとんどなのです。

医学では、変形性脊椎症は、一定の年齢に達すれば誰にでも認められるもので、特徴であって、疾患、つまり病気ではないと断言しており、さらに、東京・名古屋・大阪の3地方裁判所は、年齢相応の変性は、素因減額の対象にしないと合議しているのです。
医師と裁判官が言い切っていても、保険屋さんは、脊柱管狭窄症の傷病名を確認すると、事故によるものではないと断定し、任意一括対応を中止としているのです。
つまり、加害者の不注意よりも、被害者の年齢変性が悪いとしているのです。

事故前に症状がなく、通常の日常生活をしており、頚椎症で通院歴がなければ、事故後の症状は、事故受傷を契機として発症したと考えればいいのです。
したがって、本当に脊柱管狭窄症なのか？　これを疑ってかからなければなりません。

2）そうは言っても、脊柱管狭窄症は交通事故を原因として発症するものではありません。

事故前に症状があって、本当の脊柱管狭窄症と診断され、通院歴のある被害者は、一定の素因減額を覚悟しなければなりません。
やや古い判例ですが、H11-2-17、大津地裁判決は、59歳の男性に対して、事故自体は比較的軽微であるも、腰部脊柱管狭窄症、心因的要因などを理由に請求額の50％を損害として認めています。

厚生労働省は、広範脊柱管狭窄症を公費対象の難病と指定しており、以下の条件を満たせば、治療費は国庫負担されています。

①頚椎、胸椎または腰椎のうち、いずれか2つ以上の部位において脊柱管狭小化を認めるもの。
ただし、頚胸椎または胸腰椎移行部のいずれか1つのみに狭小化を認めるものは除く。

②脊柱管狭小化の程度は画像上、脊柱管狭小化を認め、脊髄、馬尾または神経根を明らかに圧迫する所見があるものとする。

③画像上の脊柱管狭小化と症状との間に因果関係が認められるもの。

④鑑別診断で、以下の傷病名は排除されています。
神経学的障害を伴わない変形性脊椎症、
椎間板ヘルニア、脊椎脊髄腫瘍、
神経学的障害を伴わない脊椎すべり症、
腹部大動脈瘤、閉塞性動脈硬化症、
末梢神経障害、運動ニューロン疾患、
脊髄小脳変性症、発性神経炎、
脳血管障害、筋疾患、
後縦靭帯骨化症 、黄色靭帯骨化症
※後縦靭帯骨化が症状の原因であるものは、後縦靭帯骨化症として申請すること、
※本症の治療研究対象は頸椎と胸椎、または頸椎と腰椎、または胸椎と腰椎のいずれかの組み合わせで脊柱管狭窄のあるものとする。

⑤運動機能障害は、日本整形外科学会の頚部脊椎症性脊髄症治療成績判定基準の上肢運動機能Ⅰと下肢運動機能Ⅱで評価・認定されており、頚髄症では、上肢運動機能Ⅰ、下肢運動機能Ⅱのいずれかが2以下、ただしⅠ、Ⅱの合計点が7でも手術治療を行うときは認められています。
胸髄症・腰髄症では、下肢運動機能Ⅱの評価項目が2以下、ただし、3でも手術治療を行うときは認められています。

	上肢運動機能Ⅰ
0	箸またはスプーンのいずれを用いても自力では食事をすることができない、
1	スプーンを用いて自力で食事ができるが、箸ではできない、
2	不自由ではあるが、箸を用いて食事ができる、
3	箸を用いて日常食事をしているが、ぎこちない、
4	正常

※利き手でない側については、紐結び、ボタン掛けなどを参考とする、
※スプーンは市販品であり、固定用バンド、特殊なグリップなどを使用しない、

	下肢運動機能Ⅱ
0	歩行できない、
1	平地でも杖または支持を必要とする、
2	平地では杖または支持を必要としないが、階段ではこれらを要する、
3	平地・階段ともに杖または支持を必要としないが、ぎこちない、
4	正常

※平地とは、室内または、よく舗装された平坦な道路、
※支持とは、人による介助、手すり、つかまり歩行の支え、

症状の程度が上記の重症度分類等で一定以上に該当しないが、高額な医療を継続することが必要なときは、医療費助成の対象とされています。

これ以上の詳細や手続きは、厚生労働省のホームページ、指定難病をチェックしてください。

http://www.nanbyou.or.jp/entry/98

当事務所は、厚生労働省に対する難病指定と治療費の国庫負担について、申請を行っています。
被害者が安心して療養できるように、サポートを続けています。

3）認定される後遺障害について
脊柱の固定術等が実施されたときは、脊柱の変形等で11級7号が認定されます。
脊柱の可動域が、2分の1以下に制限されていれば、8級2号が認定されています。

保存療法にとどまるものの多くは、12級12号の認定ですが、四国の愛媛県で、脊髄症状として7級4号を認めたものを経験しています。

4）さらに、もう1つの注意点です。
受傷直後は、頚部捻挫の傷病名で、長期の治療が継続され、最終的に脊柱管狭窄症や後縦靭帯骨化症、頚腰部椎間板ヘルニア等の傷病名で、脊柱管拡大形成術に至ったものについては、損保料率機構調査事務所は、すべての治療先に症状照会を行い、自覚症状や他覚的所見などから、事故との因果関係を否認して等級を認定しないものが激増しています。

症状照会の用紙のタイトルは、以下の2種類です。
「神経学的所見の推移について」
「頚椎捻挫・腰椎捻挫の症状の推移について」
当事務所では、後遺障害診断の段階で、これらの用紙を提出し、記載の上、カルテに挟み込んで、いずれ実施される症状照会に備えています。

22　椎骨脳底動脈血行不全症（ついこつのうていどうみゃくけっこうふぜんしょう）

強い耳鳴り・難聴・めまいの訴えをされる頚部捻挫の被害者が、マレにおられます。

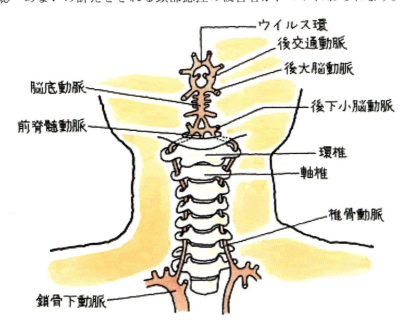

椎骨動脈は鎖骨下動脈から分岐し第6頚椎から第1頚椎の横突孔を走行し、頭蓋内に流入、内耳・小脳・脳幹等の平衡感覚や聴覚に影響をもつ部位に血液を供給しているのです。

交通事故による椎骨動脈の直接の損傷、周囲からの圧迫、あるいは動脈壁に分布して血管の収縮・拡張を調整する頚部交感神経を損傷し、血液の流入先に血行障害を起こしたときは、耳鳴り・難聴・めまいが発生しても不思議ではありません。

本来は、椎骨動脈造影検査で狭窄や圧迫が確認されて、この病名が立証されたことになるのですが、臨床では、被害者の訴えにめまい、悪心、嘔吐、目のかすみ、上肢のしびれがあり、首を回転、過伸展したときに、これらの症状が出現するケースで、この傷病名が記載されることがあります。

椎骨動脈の血行障害は、動脈硬化による血管の狭窄、血栓による血管閉塞でも起こります。
軽度のものは先に説明した、バレ・リュー症候群でも、交感神経異常として認められています。

交通事故では、頚椎椎体の骨挫傷、横突起や棘突起の骨折など、頚部に相当大きなダメージを受けたときに、この傷病名が予想されます。
通常の頚部捻挫で、椎骨脳底動脈血行不全症は考えられません。
椎骨動脈造影検査では、動脈の一部が細くなっている、造影剤が見えなくなる所見が得られます。
本症例では、脳神経外科と血管外科の専門医がタッグを組んで、診断、治療に当たります。
血行改善剤の投与、神経ブロック療法、ケースによっては、横突孔の開放術が検討されます。

私の担当する被害者は、ニコリンをメインとし、アデホス、ノイロトロピン、メチコバール、の点滴投与を受けておりました。ニコリンは途中からルシドリールに変わりました。
一定の効果を示したのですが、全快には至りませんでした。

爺さん会、調査事務所は、失調・めまいおよび平衡機能障害が立証できれば、3、5、7、9、12、14級の後遺障害等級を認定しています。
しかし、爺さん会の見解は、頭部外傷を原因として、失調・めまいおよび平衡機能障害等の症状が認められることであり、限定した条件設定がなされています。

本症例は、先天性の形態異常、動脈硬化を原因とする血管腔の狭小化、変形性頚椎症の場合、骨棘による圧迫等によっても発症します。
私の経験則では、ほとんどが、椎骨動脈の壁に分布する血管運動神経、つまり交感神経の暴走を原因とするバレ・リュー症候群で、椎骨脳底動脈血行不全症とは認められておりません。

椎骨脳底動脈血行不全症における後遺障害のキモ？

1）椎骨脳底動脈血行不全症の立証は、神経内科における椎骨動脈造影検査で行います。
椎骨動脈の血流低下が立証されたときは、耳鼻科で失調・めまい・平衡機能障害の検査を受けて、めまいなどのレベルを立証します。

2）失調・めまいおよび平衡機能障害の後遺障害等級

失調・めまいおよび平衡機能障害の後遺障害等級	
3級3号	生命の維持に必要な身の回り処理の動作は可能であるが、高度の失調または平衡機能障害のために終身労務に就くことができないもの、
5級2号	著しい失調または平衡機能障害のために、労働能力が極めて低下し一般平均人の4分の1程度しか残されていないもの、
7級4号	中程度の失調または平衡機能障害のために、労働能力が一般平均人の2分の1以下程度に明らかに低下しているもの、
9級10号	一般的な労働能力は残存しているが、めまいの自覚症状が強く、かつ、他覚的に眼振その他平衡機能検査の結果に明らかな異常所見が認められるもの、
12級13号	労働には差し支えがないが、眼振その他平衡機能検査の結果に異常所見が認められるもの、
14級9号	めまいの自覚症状はあるが、他覚的には眼振その他平衡機能検査の結果に異常所見が認められないもので、単なる故意の誇張でないと医学的に推定されるもの、

3）先にも説明していますが、爺さん会は、頭部外傷を原因とした失調・めまいおよび平衡機能障害を後遺障害の対象としています。

ところが、椎骨脳底動脈血行不全症は頚部の外傷であり、上記からは外れているのです。

本部稟議で協議の対象となりますが、非該当の結論も予想されます。

そんなときは、交通事故の解決に長けた弁護士による訴訟解決を選択することになります。

有能な弁護士は、交通事故110番でご紹介できます。

23　腰椎分離・すべり症

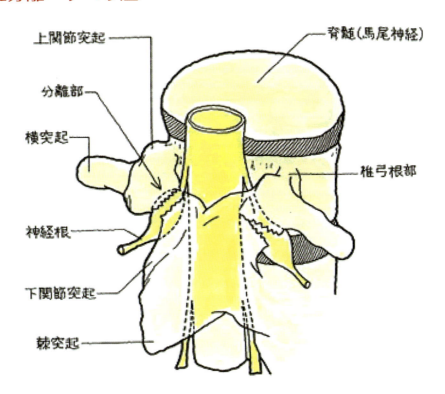

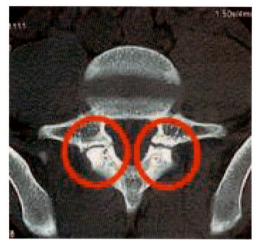
CTで、上下の関節突起の中央部が断裂しています。

分離症は、椎弓の一部である上下の関節突起の中央部が断裂しており、連続性が絶たれて、椎弓と椎体、つまり、背骨の後方部分と前方部分が離れ離れになった状態です。
原因は、先天性と後天性があるとのことですが、身体が柔らかい中学生頃に、ジャンプや腰の回旋を繰り返し行うことで、腰椎の後方部分が疲労骨折したのではないかと推定されており、日本人の5～7％に分離症があると言われています。
ところが、大多数は、分離症があっても、痛みもなく、通常の日常生活を続けています。

ところが、ここに、交通事故です。
交通事故受傷の衝撃が腰部に加わり、椎体が前方向にすべり、分離すべり症となるのです。
分離は、事故前から存在したもので、それを原因としてすべり症となったのです。
分離すべり症のほとんどは、L5に発生しています。

治療は、腰椎コルセットを装用、安静加療が指示されます。
安定期に入ると、腹筋・背筋を強化するリハビリで腰痛の発生を抑えます。
腰痛や神経根圧迫による臀部、下肢の疼痛、間欠性跛行で歩行できる距離が100m以内、膀胱・直腸障害が出現しているときは、神経の圧迫を除去する椎弓切除術、脊椎固定術が実施されます。

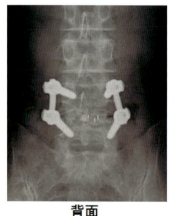
背面

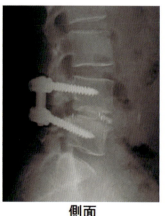
側面

手術後のエックス線画像

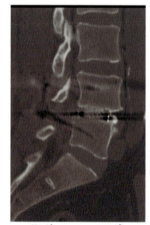
術後のCT画像

最近では、TLIF片側進入両側除圧固定術が主流となりつつあります。

●精神・神経系統の障害

腰椎分離・すべり症における後遺障害のキモ？

１）素因減額の対象？
事故受傷後のXP検査で分離症の存在を知る被害者が圧倒的です。
つまり、事故前には、これといった支障もなく、普通に日常生活をしていたのですが、画像で分離症が確認されている限り、既往歴と断定されることになります。
椎弓切除術、脊椎固定術が実施されても、脊柱の変形で11級7号が認定されることはありません。

２）痛みの評価は？
保存療法、オペにかかわらず、L5に疼痛を残す被害者では、3DCT、MRIで骨癒合を明らかにして、痛みの神経症状を後遺障害診断書で明らかにしています。
このケースでは、14級9号が認定されています。

24　胸郭出口症候群

頚部捻挫では、頚部・肩～上肢・手指の重さ感、だるさ感、しびれが、代表的な神経症状です。
MRI撮影では、C5/6、6/7の左右いずれかの末梢神経＝神経根が圧迫されている、あるいは、通り道が狭められている画像所見が得られます。
これで、自覚症状がMRI画像で立証できたことになり、圧迫のレベルによって、14級9号、12級13号の後遺障害等級が認定されているのです。
ところが、しびれの自覚症状があるのに、MRIを撮影しても画像所見が得られないことがあるのです。

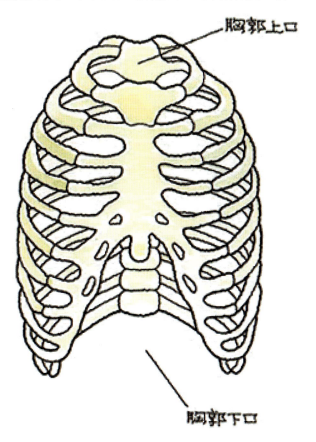

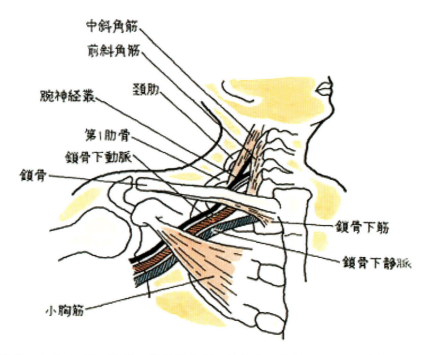

胸郭とは12の胸椎、左右12対の肋骨、肋骨と前側で連結する胸骨によって形成されている骨格の構造で、上肢の付け根から胸郭の最上の部分を胸郭の出口＝胸郭上口と呼んでいます。
胸郭出口部は、上肢に流れる動静脈や上肢の運動や知覚を担当する腕神経叢の通り道となっており、腕神経叢は、左右にそれぞれ5本ずつ走行しています。

胸郭出口部にはこれらの他に、骨では鎖骨、第1肋骨、筋肉では前・中・後斜角筋、鎖骨下筋、小胸筋が存在しています。

これらの組織に起こった形態的異常により、血管や神経の通り道が狭くなり、血管や神経が圧迫されたり、引っ張られたりすると、上肢に冷感・疼痛の血流障害や、しびれ・知覚鈍麻・筋力低下の神経障害を発症することになります。

①前斜角筋や中斜角筋、頚部の筋肉の間で圧迫されると斜角筋症候群、
②鎖骨と第1肋骨の間で圧迫されると肋鎖症候群、
③小胸筋部で圧迫を受けると小胸筋症候群、
④先天性の奇形ですが、頚椎にある余分な肋骨で圧迫されると頚肋症候群、
これらを一まとめにして、胸郭出口症候群と呼んでいるのです。

人類は、元々は四足歩行でしたが、いつの日か、二足歩行に進化を遂げました。
その途端、腕は首からぶら下がる状態となったのです。
頚部に衝撃を受け、頚椎捻挫となり、腕を引き上げる力が弱まったのであれば、胸郭出口症候群はあり得る傷病名ではないか？　これは私の勝手な想像です。

症状としては、頭痛、肩凝りに加えて、上肢の痛み、しびれ、倦怠感、血行障害として皮膚蒼白、冷感、浮腫、自律神経症状として顔面の発汗異常、嘔気等とさまざまですが、代表的には、上肢のしびれ感であり、これは、神経根症と一致しているのです。

これらの症状が、上肢の挙上運動や持続的な運動で増強してくるのが本症例の特徴です。

強い動脈の圧迫により、疾患のあるほうの上肢が冷たくなる、脈が弱くなる、痛みが生じます。
静脈の圧迫が強ければ、上肢にチアノーゼなどを呈します。

診断は、MRI、血流の状態を判定するドップラー検査、体表の温度を測定し、温度差を判定するサーモグラフィー検査、筋電図に加え、下記に示す検査を総合的に行い、似たような症状を呈する他の疾患＝頚椎神経根症を除外、鑑別して確定されています。

Morleyテスト　　Wrightテスト　　Edenテスト

①Morleyテスト
鎖骨上窩を圧迫すると、上肢が痛みます。
②Wrightテスト
肘のレベルまで両手を上げた状態で、橈骨動脈が触れなくなり、胸骨出口部が痛くなります。
③Roosテスト
Wrightテストの状態で、手・指の屈伸を3分間行います。
腕神経叢に圧迫があるときは、腕がだるくなり、指がしびれてきます。
静脈に圧迫がある場合は、上肢が青白くなり、チアノーゼが生じます。
④Edenテスト
両肩を後ろ下方に引っ張り、胸を張ってもらうと脈が触れなくなります。
いずれも、故意に胸郭出口を狭くさせることにより、症状の再現を調べる検査です。

胸郭出口部に存在する斜角筋・鎖骨下筋・小胸筋が、事故受傷により断裂損傷を受ければ、血腫や瘢痕が形成され、結果として血管神経を圧迫することは容易に考えられます。

筋断裂は、断裂局所の疼痛、腫脹、皮下出血、圧痛を示しますので比較的容易にその判断ができます。しかしこれらの筋肉が断裂を起こすのは、相当大きな衝撃が頚部に加えられたときに限ってと考えるべきで、通常の追突事故では、まず考えられません。

治療は保存的療法が中心ですが、本症例に特徴的な上肢の症状を緩和する目的で体格・体質改善が指導されます。長時間のうつむき姿勢での仕事や、重い物の持ち運び等は禁止され、筋力の柔軟性、増強を目的とした運動療法、ウエイト・トレーニングや水泳などが推奨されます。

薬物療法としては筋弛緩剤、循環改善剤、神経機能改善剤、消炎鎮痛剤、精神安定剤の投与が行われます。本症例で手術に発展することは、まずありませんが、治療期間が長期化する特徴があります。

保存療法が優先されますが、我慢できない痛みに対しては、手術療法が検討されます。
胸郭出口を構成している斜角筋切離術や第1肋骨の切除等で、狭窄の軽減をはかりますが、術後の回復は、必ずしも目覚ましいものではありません。

胸郭出口症候群における後遺障害のキモ？

1）胸郭出口症候群の診断基準は、以下の4点です。
①頚部、肩、腕に神経や血管の圧迫症状があり、愁訴が比較的長期間持続・反復すること、
②モーレイ・ライト・エデンの各テストのいずれかが陽性で、テスト時に愁訴の再現・増悪があること、
③頚椎疾患、抹消神経疾患を除外できること、
④MRアンギオ検査で圧迫や狭窄所見が認められること、

圧迫の器質的所見は、鎖骨下動脈の血管造影検査で立証します。

2）どんな交通事故で、胸郭出口症候群を発症するのか？
受傷機転をハッキリと証明できないところが、胸郭出口症候群の泣きどころです。
爺さん会は、「交通事故で胸郭出口症候群を発症することの証明がなされていない。」
として、後遺障害等級を認定していません。
ほとんどが、頚椎捻挫として14級9号の認定でごまかしています。

第1肋骨の切除術を受けた後も、肩関節の可動域に2分の1以上の制限を残している被害者に対して、12級13号が認定されました。
肩関節に器質的損傷を認めないが、10級10号を否定した理由となっています。
なんとしてでも、胸郭出口症候群としては、後遺障害を認めないぞ！ 固く決意している様子です。

ところが、裁判では、胸郭出口症候群を12級13号と認定しています。
2005年8月30日、名古屋地裁は圧迫型のTOSを12級13号と認定、2006年5月17日、名古屋高裁もこれを追認しています。
2007年12月18日、東京地裁は、ライトテストのみで立証された胸郭出口症候群に対して12級13号を認定しているのです。

現状では、調査事務所は認定しないが、裁判では、複数が認められている状況です。

3）圧迫型と牽引型の2種類？
胸郭出口症候群には、鎖骨下動脈部で上腕神経叢を圧迫している圧迫型と、受傷時に上腕神経叢が引っ張られる牽引型の2種類が存在しています。
牽引型は、先に上腕神経叢麻痺で学習した軸索損傷もしくは神経虚脱であり、受傷から3カ月を経過すれば、改善が得られるものと思われます。後遺障害として問題となるのは、圧迫型となります。

●精神・神経系統の障害

圧迫型は、器質的損傷を血管造影撮影で立証しています。
ところが、血管造影撮影は、やや危険を伴うものでもあり、治療が目的ではない立証だけでは、治療先の腰が引けてしまう状況で、この検査がなかなか受けられない問題点があります。

4）治療先について？
①治療先　加納クリニック
所在地　〒500-8383　岐阜市江添 3-8-16
TEL　058-275-8836　　080-5126-8836
脳神経外科　加納　道久　医師

②治療先　医療法人社団 誠馨会　セコメディック病院
所在地　〒274-0053　千葉県船橋市豊富町 696-1
TEL　047-457-9900（代表）
整形外科　渡邊　公三　医師

私が担当していた被害者の治療先は、上記の2つです。
ネット検索では、北海道整形外科記念病院、筑波大学医学部附属病院　整形外科、関西医科大学付属滝井病院　整形外科などが、胸郭出口症候群のオペを説明しています。

余談ですが、2012年7月1日、東海北陸厚生局は、加納クリニックに対して、保険医登録の取消処分を科しています。処分の内容は、
①実際に行った保険診療を保険点数の高い別の診療に振り替えて虚偽の手術伝票を作成し、保険医療機関に診療報酬を不正に請求させていた。
②保険医療機関以外の場所で診療を行っているにもかかわらず、保険医療機関で行ったとして診療録に不実記載し、保険医療機関に診療報酬を不正に請求させていた。
③算定要件を満たさない入院基本料の診療報酬を保険医療機関に不当に請求させていた。

上記の3つですが、加納医師は、これを不服として、行政処分取消訴訟控訴審中、執行停止の特別抗告中であり、私としては、これ以上のコメントはありません。

加納クリニックにおいては、胸郭出口症候群のオペ実績は1000例以上であり、当方から200名以上の被害者が受診、血管造影撮影により胸郭出口症候群の立証がなされました。
現在も、開業しておられますが、自由診療のみの扱いとなっています。

25　頚肩腕症候群（けいけんわんしょうこうぐん）　肩凝り・ムチウチ

昭和30年代、タイピストや電話交換手の職業で、若い女性に、肩から上腕・肘・前腕・手指の痛みやしびれ、肩凝り、目の疲れ、背部のだるさを訴えるケースが多発し、社会問題となりました。
上肢を同じ位置に保持し、反復使用する作業により、神経・筋肉に疲労を生じた結果、発症する機能的・器質的障害と判断した労災保険は、これを職業病として認定したのです。

そのときに、頚肩腕症候群と名付けたのです。

被害者の診断書に、(外傷性)頚肩腕症候群と記載されたものを、ときおり見かけますが、交通事故外傷は、長時間の同一姿勢や反復作業を原因として発症したものではありませんので、厳密な意味では、交通事故で頚肩腕症候群を発症することは、あり得ません。

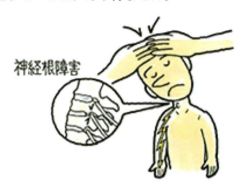

しかし、頚部捻挫で、頚部、肩、上肢〜手指にしびれなどの神経症状を訴える被害者に対して、自覚症状の経過から、頚肩腕症候群と診断する医師もいるのです。
昭和30年代から脱却できていないお爺ちゃん医師なら、転院すべきですが、考えてみれば、症状を具体的に示している傷病名で、分かりやすいのです。
それほど、気にすることでもありません。

もう1つ、最近では、肩凝りが、頚肩腕症候群と呼ばれています。
医師ですから、肩凝りなどではなく、頚肩腕症候群と権威を高める診断としているのです。
ついでですから、肩凝りも学習しておきます。

肩凝りでは、頚部、項部、頚部のつけ根から、肩、背中にかけて張り、凝り、痛みを発症し、ひどいときには、頭痛や吐き気、眼のかすみ、めまいを伴うこともあります。

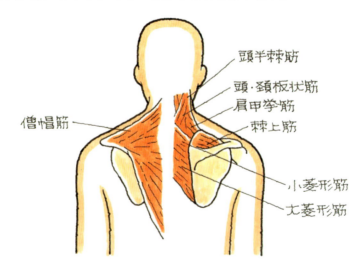

肩凝りに関与する筋肉

肩凝りは、筋肉の過労で生まれる炎症ですが、一般的には僧帽筋、肩甲挙筋、菱形筋の硬化が指摘されていますが、慢性化すると、頚部から肩にかけてのほとんどの筋肉が硬化しています。

首や背中が緊張するような姿勢での作業、猫背や前かがみ、運動不足、精神的なストレス、なで肩、連続して長時間同じ姿勢をとること、ショルダーバッグ、夏場では、冷やし過ぎなどが原因となります。

肩凝りに対しては、同じ姿勢を長く続けない、蒸しタオルなどで肩を温めて筋肉の血行を良くする、適度な運動を続ける、入浴で身体を温め、リラックスするなどの予防が必要です。

治療では、筋肉の血流改善や筋肉のコリをやわらげ筋力強化をする運動療法、蒸しタオルで肩を温める、入浴などの温熱療法が併用され、薬物療法として、筋弛緩剤、パップ剤、局所注射などで鎮痛消炎効果を高めています。

頚肩腕症候群における後遺障害のキモ？

1）診断書に、頚肩腕症候群と記載されていても、主治医の認識は頚部捻挫です。
不安なら、「えっ、肩凝りですか？」驚いた様子で質問すれば、分かります。
もし、「その通り、肩凝りですね！」そんな回答がなされたら、ただちに転院してください。

2）リハビリ設備が充実、患者数の多い整形外科であれば、安心して通院を続けてください。
①1カ月に、10回以上のリハビリ通院を継続すること、
まじめな通院は、症状の存在を裏付けることになります。

②できるだけ早期、2カ月以内にMRI検査を受けること、
頚部捻挫では、末梢神経障害が後遺障害の対象です。
XP、CTは、骨折をチェックする検査であり、末梢神経は、MRIでないと確認できません。

③誰に勧められても、整骨院、接骨院には、絶対に通院しないこと、
交通事故の治療は、医師免許を有し、診断権が認められている医師に委ねられています。
整骨院、接骨院は医師ではなく、当然、診断権が認められていません。
つまり、傷病名を診断することも、診断書を発行することも禁じられているのです。
治療ではなく、施術としての認識で、施術は治療実績として評価されません。
整骨院、接骨院で施術を続けた被害者には、ほとんどで後遺障害が否定されています。

上記の3つの条件を守り、受傷から6カ月で症状固定を決断、後遺障害診断を受けるのです。
そして、後遺障害の申請は、これも絶対に、被害者請求としてください。

であれば、ほとんどで 14 級 9 号の後遺障害が認定されます。

3）弁護士費用特約に加入しているときは、事故後の早々に弁護士委任とします。
弁護士は、法定代理人ですから、保険屋さんは、あなたに直接、連絡することができなくなります。
あなたは、保険屋さんから嫌味を言われることなく、治療に専念することができます。

4）専業主婦に 14 級 9 号が認定されると、保険屋さんの提示額は、せいぜい 80 万円前後ですが、弁護士が地裁基準で請求する損害賠償額は 300 万円を突破します。
弁護士費用特約の適用では、弁護士費用の負担は 0 円、翌年の保険料も上がりません。

未加入でも、平均的な弁護士費用は、20 万円 + 10％ですから 50 万円程度です。
多くの弁護士は、着手金無料で対応していますから、解決時の精算となり、委任したときの費用負担は発生しません。

後遺障害が認定されたなら、その後の解決は弁護士に委任する！　これが勝利の方程式です。

26　複合性局所疼痛症候群　CRPS

交通事故で手足を切断！
これは、よく耳にしますが、結果、被害者が出血多量で亡くなった？　これは、ほとんど聞きません。

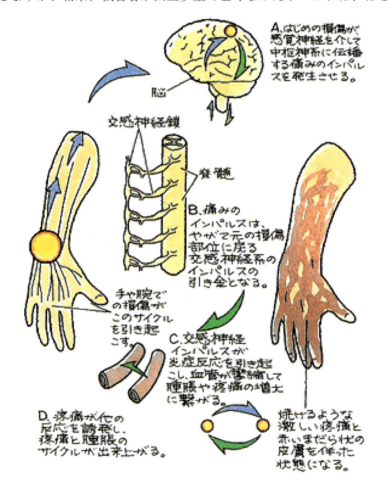

事故外傷が発生すると、交感神経の緊張＝反射が高まり、神経伝達物質、アドレナリンを放出、アドレナリンには血管を収縮させる作用があり、これにより出血を止めているのです。
さらに、四肢の血管は収縮し、腫脹を防止します。
医学の常識では、外傷が治癒に向かうと、交感神経の反射は消失、正常な働きに戻ります。

では、交感神経反射が消失せずに続いたときはどうなるのでしょうか？
アドレナリンが放出され続けることにより、血流障害を起こします。

血液は全身の細胞に酸素と栄養を送り、老廃物や不要なものを回収しているのですが、血流障害により、細胞に必要な栄養は届かず、老廃物はたまる一方となります。
交感神経が緊張しているときは、副交感神経の働きは抑えられます。
副交感神経は、臓器や器官の排泄や分泌を担当しています。

便や尿の老廃物の排泄、ブドウ糖を利用するときに必要なインスリン、つまりホルモンや消化酵素やタンパク質の供給が著しく低下し、身体は循環不全を起こすのです。
白血球は、顆粒球＋リンパ球＋単球で構成されているのですが、交感神経優位のときは顆粒球が活躍しています。顆粒球は血液の流れに乗り全身をパトロールしています。

体内に侵入した細菌や細胞の死骸を食べて分解し身体を守っているのです。
食事や休憩をしているときは、副交感神経優位となりリンパ球が活躍しています。
交感神経の緊張状態が続くと、顆粒球が増え続けます。
顆粒球は活性酸素を放出し、その強力な酸化力で細胞を殺傷することになります。

交感神経の暴走により、
①血流障害
②排泄・分泌機能の低下
③活性酸素による組織破壊
これらの状況が長期間続いたことにより、灼熱痛を生じるものが、RSDと呼ばれていました。

ところが、交感神経節ブロック療法を行っても、全く無効の症例が報告されており、交感神経の関与しない痛みが存在することが明らかになってきました。
そこで、1994年に世界疼痛学会、IASPでこれらの類似した症状を呈する疾患をCRPS、複合性局所疼痛症候群と呼ぶことになりました。

1）CRPS、2つの分類
①CRPSタイプⅠ＝RSD、反射性交感神経性ジストロフィーと診断されるもの、
捻挫、打撲の軽微な外傷で、神経損傷が不明確であるにもかかわらず、難治性疼痛を訴えるもの、

②CRPSタイプⅡ＝カウザルギーと診断されるもの、
創傷、脱臼や骨折の神経損傷が明らかな外傷で、難治性疼痛を訴えるもの、

2）診断基準

A　国際疼痛学会CRPS診断基準

Type Ⅰ
① CRPSの誘因となる侵害的な出来事、あるいは固定を必要とするような原因があったこと、
② 持続する疼痛があるか、アロデニア、あるいはピンプリックの状態があり、その疼痛が始まりとなった出来事に不釣り合いであること、
③ 経過中、疼痛部位に、浮腫、皮膚血流の変化、あるいは発汗異常のいずれかがあること
④ 疼痛や機能不全の程度を説明可能な他の病態がある場合、この診断は当てはまらない。
注意　診断基準②〜④を必ず満たすこと

Type Ⅱ
① 神経損傷があって、その後に持続する疼痛、アロデニアあるいはピンプリックのいずれかの状態があり、その疼痛が必ずしも損傷された神経の支配領域に限られないこと
② 経過中、疼痛部位に、浮腫、皮膚血流の変化、発汗異常のいずれかがあること
③ 疼痛や機能不全の程度を説明可能な他の病気がある場合、この診断は当てはまらない。
注意　診断基準①〜③を必ず満たすこと、

※アロデニア＝通常では痛みを感じない刺激によって生じる痛み、
※ピンプリック＝安静時に悪化する痛覚過敏、

B　厚生労働省CRPS判定基準

1）病期のいずれかの時期に、以下の自覚症状のうち3項目以上該当すること、
ただし、それぞれの項目内のいずれかの症状を満たせばよい。
① 皮膚・爪・毛のうち、いずれかに萎縮性変化
② 関節可動域制限
③ 持続性ないし不釣り合いな痛み、しびれたような針で刺すような痛み、知覚過敏
④ 発汗の亢進ないしは低下
⑤ 浮腫

2）診察時において、以下の他覚的所見の項目を3項目以上、該当すること
① 皮膚・爪・毛のうち、いずれかに萎縮性変化
② 関節可動域制限
③ アロデニアないしはピンプリック
④ 発汗の亢進ないしは低下
⑤ 浮腫

3）検査による立証

検査法・補助的診断法	
①疼痛の程度	VAS（visual analog scale）、pain scale
②知覚測定	Neurometer（末梢神経検査装置）
③腫脹・浮腫の程度	周囲径の測定、圧痕の有無、指尖容積脈波（プレチスモグラフィー）
④発汗の程度	櫻井式測定紙

⑤皮膚の血流状態	サーモグラフィー、レーザードップラー検査
⑥骨萎縮の程度	単純XP、三相性骨シンチグラフィー検査で骨破壊や骨形成のある部位を特定する 特にテグネシウムを静注して3時間後に撮影するdelayed imageはRSDの立証に有意
⑦神経障害・筋肉の活動状態	手指のグリップ時の動作筋電図、肩関節外転時の筋電図等、バラエティに富んだ筋電図検査

4）優れた治療先

①名称　日本大学病院
所在地　〒101-8309 東京都千代田区神田駿河台1-6
TEL　03-3293-1711
医師　麻酔科、ペインクリニック　小川　節郎　先生
外来診療　月曜日の午前、午後14：00まで、木曜日の午前・午後

小川　節郎　先生は、病院長を定年退職後も、外来で診療されています。
完全予約診療となっており、現治療先の紹介状が必要です。

②名称　大阪大学医学部附属病院　麻酔科
所在地　〒565-0871　大阪府吹田市山田丘2-15
TEL　06-6879-5111
医師　柴田　政彦
疼痛医療センター　金曜日　完全予約制で、受診には紹介状が必要

③名称　市立豊中病院　麻酔科
所在地　〒560-8565 大阪府豊中市柴原町4丁目14-1
TEL　06-6843-0101
医師　真下　節　病院長　（元大阪大学医学部附属病院　麻酔科教授）
疼痛外来、真下病院長の診察は、火曜日の午前中のみ

以下は、2005年、厚生労働省CRPS研究班の治療先です。

札幌医科大学　麻酔科、仙台市立病院　麻酔科、東京医科大学霞ヶ浦病院　麻酔科、筑波大学　整形外科、順天堂大学　麻酔科、JR東京総合病院　麻酔科、市立川崎病院　整形外科、北里大学東病院　整形外科、山梨大学医学部附属病院　整形外科、名古屋掖済会病院　整形外科、京都府立病院　麻酔科、稲田病院　整形外科、サトウ病院　整形外科、尼崎中央病院　整形外科、広島大学　麻酔科、福岡大学　麻酔科、久留米大学　麻酔科、佐賀大学　麻酔科、宮崎大学　麻酔科

5）CRPSの後遺障害等級

後遺障害等級別表Ⅱ　CRPSの後遺障害等級	
等級	内容
7	4 軽易な労務以外の労働に常に差し支える程度の疼痛があるもの
9	10 通常の労務に服することはできるが、疼痛によりときには労働に従事することができなくなるため、就労可能な職種の範囲が相当な程度に制限されるもの
12	13 通常の労務に服することはできるが、ときには労働に差し支える程度の疼痛が起こるもの

CRPSタイプⅠ＝RSD、反射性交感神経性ジストロフィーについては、
①関節拘縮、
②骨萎縮、
③皮膚の変化（皮膚温の変化、皮膚の萎縮）
これらの慢性期の主要な3つのいずれの症状も健側と比較して明らかに認められるときに限って、カウザルギーと同じ基準が適用され、等級が認定されています。

CRPSについては、神経系統の機能または精神の障害の系列における評価を基本とするが、CRPS以外にも関節機能障害の原因所見がある場合等、関節機能障害としての評価が妥当であると捉えられるときは、関節機能障害として評価することも可能であるとされています。

なお、CRPSに伴う疼痛と関節機能障害は通常派生する関係にあることから、いずれか上位の等級で認定されています。

CRPSタイプⅠ＝RSDで上記の要件を満たしていないとき、経過上、RSD特有の所見が確認でき、かつ、RSDに対するブロック療法等の治療を行った結果、症状固定時においても1つ以上のRSD特有の所見を残しているものは、別表Ⅱの12級13号が認定されます。

上記には至らないものの疼痛の残存が医学的に説明できるものは、別表Ⅱの14級9号が認定されています。

※RSD特有の所見には、上記の要件に加えて腫脹、発汗障害等の所見が含まれています。

なお、後遺障害等級認定時において、外傷後生じた疼痛が自然的経過によって消退すると認められるものは、後遺障害等級の認定対象とはなりません。

6）CRPS関する裁判例

2004年7月28日、名古屋地裁判決
追突による頚部挫傷後、RSDとなった26歳女性に対して、保険屋さんは被害者の行動や発言をとらえて心因性関与の素因減額を主張しました。

これに対して名古屋地裁は、これらの行動や発言は、事故時から1年半を経過した症状固定時のものであり、当時、被害者には左上肢のRSDの症状が継続しており、加えて新たに左下肢に疼痛の症状が現れ、増悪している状態であったこと、交通事故の被害者の治療が長期化し、補償交渉が進展しないと

きには、精神的にも不安定な状態に至ることは衆知の事実であること、これに RSD の有効な治療法が確立されていないことを併せれば、原告のRSDの発症が精神的素因に起因すると認めることはできないと判示しました。

上記の判例から学習できることは、医師の診断により、RSDが立証されていることがポイントです。
25件の裁判例では、RSDが立証されているものが13件に過ぎません。
12件があやふやな立証で、結果、8件がRSDを否定されています。
したがって、CRPS、特に、RSDは立証の困難な傷病名ですから、高度な専門医を発見し、その専門医に治療と立証をお願いしなければなりません。

裁判では、保険屋さんは心因性関与の大合唱で、素因減額を主張します。
CRPS、RSDでは、例外なく治療が長期化します。
主治医に疼痛を訴えても、RSDの確定診断ができないレベルであれば、「そのうち、治る？」とされ、結局は面倒になって心療内科や精神科に振られます。
心療内科や精神科の医師でRSDを理解しているのは極端に少数です。
一般的には神経症、不眠症、うつ状態と診断がなされます。
これらを根拠に、被害者の訴えには心因的素因があるとして、大幅な減額が主張されるのです。

保険屋さんによっては、RSDの発症は身体的・心因的素因が影響するものであり、RSDとの傷病名であれば、その傷病名が素因減額の対象となる？　実に乱暴な主張がなされています。
被害者は漫然治療に終始するのでなく、やはり早期に専門医を発見、治療を続ける必要があります。

CRPSにおける後遺障害のキモ？

１）後遺障害を考えるな！
1994年に世界疼痛学会でCRPSが発表されるまで、難治性疼痛は、すべてRSDと診断されていたのですが、交通事故110番では、その時代から現在まで、多くの症例を経験してきました。

CRPSと分類された現在でも、
※効果的な治療方法が確立されておらず、先の見通しが立たないこと、
※繰り返す灼熱痛で、就労に復帰できる状況にないこと、
※それに見合う後遺障害等級が用意されていないこと、

CRPSの重症例では、大変に、お気の毒かつ、深刻です。
サポートをしていても、自分がもしCRPSになったら、どうしようか？　考え込んでしまいます。
CRPSに限っては、後遺障害ではなく、重症化しないこと、できれば治癒することを考えるべきです。

２）専門医に走れ！
主たる傷病名が頚部捻挫であっても、CRPSタイプⅠ、RSDは、忍び寄ってくるのです。
事故後、灼熱痛、アロデニア、ピンプリックなどで苦しんでいる被害者は、ためらうことなく、先に紹介している専門の治療先、専門医の診察を受けるべきです。

専門医が、早期に適切な治療を開始すれば、実は、多くの被害者が一定の改善を手にしています。

交通事故の後遺障害は、大きく２つの要因で、拡大再生産が続けられています。
※高次脳機能障害に代表される、通常の外傷では予想できない不可逆的な損傷、
※診断力に乏しい医師による漫然治療の繰り返し、

CRPSは、診断力に乏しい医師のもとで漫然治療を続けた結果、重症化するものが多いのです。
この点、要注意です。

３）症状固定は、受傷から１年、
そんなルールはありませんが、私は、専門医の治療を１年間続けて、症状固定を判断しています。
専門医による治療の開始が早ければ、かなりの改善が得られているからです。
１年間の治療を続け、一定の改善を得て、12級レベルで症状固定を選択しています。

保険屋さんが、１年間について、治療費と休業損害を払い続けることは考えられません。
受傷から早期に弁護士に委任し、その後は、弁護士による具体的な症状、治療の見通しについて説明を継続し、できる限り、治療費や休業損害の支払いが受けられるようにしています。

４）後遺障害は、
①疼痛の程度は、治療経過のVASスケールで、
②知覚の測定は、Neurometer（末梢神経検査装置）で、
③腫脹・浮腫の程度は、周囲径の測定、指尖容積脈波検査で、
④発汗の程度は、櫻井式測定紙で、
⑤皮膚の血流状態は、サーモグラフィー、レーザードップラー検査で、
⑥骨萎縮の程度は、XP、三相性骨シンチグラフィー検査、delayed imageで
⑦関節拘縮は、MRI、CT、可動域の測定で、
⑧神経障害・筋肉の活動状態は、筋電図検査で、

①〜⑧の検査所見を明らかにし、国際疼痛学会、厚生労働省の判定基準に沿って、丁寧に立証しています。

CRPSに伴う疼痛と関節の機能障害は、通常派生する関係にあるところから、関節機能障害が認定され、等級が併合されることはないとされてきました。
しかし、労災保険はこの考えを改め、関節機能障害と比較して、上位の等級を認定しています。
福岡の爺さん会が、関節機能障害と比較して上位の等級を認定したのを確認しています。

27　低髄液圧症候群＝脳脊髄液減少症＝ CSFH

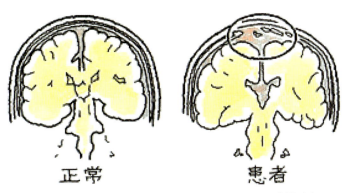

CSFH は、Cerebro Spinal Fluid Hypovolemia の略語です。

CSFH の診断基準

日本神経外傷学会に参加する脳神経外科医が中心となって、頭部外傷に伴う低髄液圧症候群の診断基準をまとめています。
この作業部会委員には、以下の医師が参加されています。

有賀徹　委員長＝日本救急医学会理事　昭和大学病院副院長
阿部俊昭＝慈恵会医科大学病院　脳神経外科教授
小川武希＝慈恵会医科大学病院　救急部診療部長
小沼武英＝仙台市立病院副院長、脳神経外科部長
片山容一＝日本大学付属板橋病院　脳神経外科部長
榊寿右＝奈良県立医科大学教授
島克司＝防衛医科大学教授
平川公義＝東京医科歯科大学教授

1）診断基準のうち、前提となる基準は、
①起立性頭痛
国際頭痛分類の特発性低髄液性頭痛を手本として、起立性頭痛とは、頭部全体におよぶ鈍い頭痛で、坐位または立位をとると 15 分以内に増悪する頭痛と説明されています。

②体位による症状の変化
国際頭痛分類の頭痛以外の症状としては、項部硬直、耳鳴り、聴力の低下、光過敏、悪心、これらの 5 つの症状です。

次に大基準として、
①MRI アンギオで、びまん性の硬膜肥厚が増強すること
この診断基準は、荏原病院放射線科の井田正博医師が、「低髄液圧の MRI 診断の標準化小委員会」で提示されている基準に従います。

②腰椎穿刺で低髄液圧が 60mmH$_2$O 以下であることが証明されること

③髄液漏出を示す画像所見が得られていること

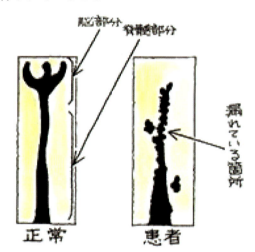

この画像所見とは、脊髄MRI、CT脊髄造影、RI脳槽造影のいずれかにより、髄液漏出部位が特定されたものを言います。
前提となる基準1項目＋大基準1項目で、低髄液圧症候群＝CSFHと診断されます。

CSFHは、大きなくしゃみや尻餅をついても発症すると言われており、これが外傷性であると診断するための基準としては、外傷後30日以内に発症しており、外傷以外の原因が否定的とされています。

上記をまとめると、
①起立性頭痛または、体位によって症状の変化があり、

②MRIアンギオで、びまん性硬膜肥厚が増強するか、腰椎穿刺で低髄液圧60mmH$_2$O以下であることもしくは髄液漏出を示す画像所見が得られていること、

③そして、外傷後30日以内に発症しており、外傷以外の原因が否定的なもの、

上記の3条件を満たしたものに限り、外傷性CSFHと診断されることになりました。

裁判所の判決動向
H18-9-25、横浜地裁～H19-11-27、東京地裁、この間に9件の訴訟が提起されていますが、いずれも、CSFHは否定されています。
先の診断基準が公表されたのは、H19-2-20ですが、それ以降の4件は、この診断基準をベースにして認定が退けられています。

特筆すべきは、
RI脳槽造影による漏出は、脊椎腔穿刺の際にできた針穴から漏出している可能性が高い？
RI脳槽シンチの所見は個人差が大きく、診断基準とするに批判的な見解が多い？
つまり、RI脳槽造影に批判的な判決が目立っています。

私のこれまでの経験則でも、脳槽シンチ後に症状が悪化した被害者が30名以上おられます。
そして、100例を超える経験則で、上記の診断基準を満たすものは、1例もありません。

脳脊髄液減少症＝CSFH、東京高裁の判決

先に横浜地裁が、H20-1-10にCSFHを認める判決を下していますが、H20-7-31、東京高裁は、控訴棄却を決定、1審判決を支持しています。

H16-2-22、布団販売業の42歳男子が乗用車を運転、交差点を直進中、対向右折車の衝突を受けたもので、事故受傷から14ヵ月後にCSFHの確定診断がなされています。
①本件事故により、頭部挫傷の診断を受けていること、
②初診の治療先でも頭痛を訴え、カルテには、眼の奥が痛いとの記載があること、
③経過の治療先のカルテにも、右眼の裏が痛いとの記載があること、
④頭痛に程度の差は認められるが、右眼の奥ないし裏が痛むという点で一貫性を有している、
⑤頭痛についても、身体を横にして休んでいると和らぐというもので、起立性頭痛の症状と符合、
⑥何より、EBPの治療で完治していること、

上記の理由により、CSFHが本件事故による衝撃ないし外傷に起因するものであると推認することができると判断、本件事故との因果関係を認めました。
さて、この判決、CSFHと交通事故受傷の因果関係を認めた画期的なものなのか？
私は、保険屋さんの主張があまりに短絡で、結果として、転けたに過ぎないと評価しています。

頭部外傷に伴うCSFHの診断基準では、
①起立性頭痛または体位によって症状の変化があり、
②造影MRIでびまん性硬膜肥厚が増強するか、腰椎穿刺で低髄液圧 $60mmH_2O$ 以下であること、もしくは髄液漏出を示す画像所見が得られていること、
③そして、外傷後30日以内に発症しており、外傷以外の原因が否定的なもの、
上記3つの条件を満たしたものに限り、外傷性CSFHと診断されており、本件も、この3条件を満たしています。

本件は、当初、保険屋さん側から債務不存在確認請求訴訟が提起されています。
被害者側の反訴により、損害賠償反訴請求事件となったものです。
さらに、保険屋さんは、当初、CSFHと本件事故の因果関係を認めているのです。
後に、錯誤によるものとして撤回していますが、横浜地裁は、時機に遅れた主張で、禁反言の原則からも許されないと、厳しく指摘しています。

ともあれ、CSFHは先の3つの診断基準を満たせば、事故との因果関係が認められる傾向です。
しかし、現実の相談では、3つの条件を満たすケースは、極めて少数例です。
むしろ、頸部交感神経の暴走による、バレ・リュー症候群の重症例が大半と思われるのです。

①なんでもかんでもCSFHと鼓舞するグループ、

②これに乗せられたマスコミ、
③そして、これをお金儲けに利用している治療機関、

大方の責任は、上記の三者にあります。

低髄液圧症候群＝CSFHは、健保で治療が認められている傷病名です。
NHKのクローズアップ現代でさえ、被害者が30万円を窓口で支払う場面を放映していました。
どうして、もう少し深く突っ込めないのか？　この点が情けなく、残念でなりません。

脳脊髄液減少症、CSFHにおける後遺障害のキモ？

1）被害者からの電話やメール相談に対しては、3条件を満たしているかをチェックします。
満たしていると思われるときは、各地で実施している交通事故無料相談会で面談します。

診断書、診療報酬明細書などを検証し、3条件を満たしていることが確認できたときは、後遺障害の立証について、チーム110がサポートを開始します。
後遺障害診断書を回収、自賠責保険に対して被害者請求で申請します。

2）それでも、現時点では、厚生労働省が事故との因果関係を認めておらず、爺さん会は、それを理由として非該当の結果を通知してくると予想しています。

非該当では、ただちに、自賠・共済紛争処理機構に対して紛争処理の申立を行います。
つまり、被害者請求の時点で、紛争処理の申立書の作成も完成させておくのです。
自賠・共済紛争処理機構と言っても、爺さん会の屋上に屋根をかけた組織で、常識的には保険屋さん寄りです。余程のことが起きない限り、非該当の結論は変わりません。
ここまでは、訴訟に至る儀式のようなものです。

3）この段階で、交通事故に長けた弁護士に委任、本件の損害賠償請求訴訟を立ち上げます。
3条件を満たしている被害者は、ご相談ください。

28　軽度脳外傷　MTBI

頭部に直接の衝撃が加わり、硬膜下・くも膜下血腫、脳挫傷、びまん性軸索損傷などの脳損傷では、通常、6時間以上の昏睡を含む意識障害が生じ、CT・MRI画像においても、脳の器質的損傷を捉えることができ、これを頭部外傷後の高次脳機能障害と呼んでいます。
この16年間、多数例を経験しており、交通事故110番が立証面で、最も得意としている分野です。

	意識障害	傷病名	画像所見	高次脳機能障害
1	○	○	○	◎
2	○	○	×	○
3	△	○	×	△
4	×	×	×	×

●精神・神経系統の障害

1であれば、高次脳機能障害の立証に、苦労はありません。
2でも、なんとか頑張って立証に漕ぎ着けます。
3となれば、高次脳機能障害の認定は極めて困難となります。
4は論外で、高次脳機能障害として審査されることはなく、非該当です。
軽度脳損傷、MTBIは4に該当し、高次脳機能障害として評価されていません。

MTBIとは、Mild Traumatic Brain Injury、つまり軽度脳外傷の略語で、外傷性のない、もしくは希薄な頭部の受傷により、脳障害を残すものとしておおむね認識されています。

症状の臨床実績は比較的新しく、90年代、湾岸戦争で爆風にさらされた帰還兵に一定の認知・記憶・情動障害を残す例があり、TBI、外傷性脳損傷の診断名がクローズアップされました。
それらには、必ずしも脳損傷、脳外傷が認められないケースも多数含まれており、M、マイルドをつけてMTBIという呼び方で一般化されました。
これはベトナム戦争の帰還兵が、PTSD、心的外傷後ストレス障害と診断され、傷病名が一般化された経緯によく似ています。

高次脳機能障害は、脳の器質的損傷の存在が前提であり、MTBIとは一線を画します。
したがって高次脳機能障害が疑われる障害を残しながら脳外傷がないため、MTBIと位置づけられる被害者が少なからず存在しているのです。
当然、自賠責や労災の基準に満たないこれらMTBI被害者に、後遺障害等級の認定はありません。
平成22年9月の東京高裁判決で障害を認める判決が出たとされましたが、判旨をみるとMTBIが障害認定されたとは読み取れません。
この判決も周囲の誤解・曲解を呼び、依然として灰色的な存在が続いています。
高次脳機能障害をサポートする我々にとって、まさに奥歯に刺さった棘のようなものです。

戦地からの帰還兵には、賠償問題もついてまわり、なにかと障害が騒がれています。
今回の高次脳機能障害委員会でもMTBIの定義と扱いについて相当のボリュームを割いています。
そこで、WHOにおけるMTBIの定義について確認してみます。

1）WHOによるMTBIの定義
WHO　共同特別専門委員会におけるMTBIの診断基準
MTBIは、物理的外力による力学的エネルギーが頭部に作用した結果起こる急性脳外傷である。

臨床診断のための運用上の基準は以下を含む
①以下の1つか、それ以上、
混乱や失見当識、30分あるいはそれ以下の意識喪失、24時間以下の外傷後健忘期間、そして、あるいは一過性の神経学的異常、例えば局所神経徴候、けいれん、手術を要しない頭蓋内病変、
②外傷後30分の時点、あるいはそれ以上経過しているときは、急患室到着の時点で、グラスゴー昏睡尺度得点は13〜15

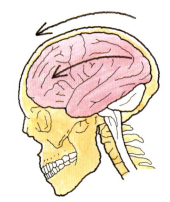

ちょっとした脳震盪でも、MTBIを発症する？

上記のMTBI所見は、薬物・酒・内服薬、他の外傷とか他の外傷治療、例えば、全身の系統的外傷、顔面外傷、挿管など、他の問題、例えば心理的外傷、言語の障壁、併存する医学的問題、あるいは穿通性脳外傷などによって起きたものであってはならない。

2）平成23年新認定システム〜委員会における専門医の意見

続いてMTBIについて、今委員会における専門医の意見を検証します。

片山医師の意見陳述
片山医師は脳神経外科学が専門であり、当委員会の検討対象となっている1回限りの軽症頭部外傷により遷延する重篤な症状あるいは障害が発生することがあるかという点について説明を行った。

課題1
1回だけのMTBIにより、遷延、3カ月以上する重篤、社会生活が困難な症状あるいは障害が発生することがあるのか？

受傷直後から数日ないし数週間までは、頭痛やめまいなどの愁訴や、記憶障害および注意障害、不安および抑うつなどの症状が持続することがある。
これらの症状は、受傷後しばらく脳の機能的障害および器質的障害の影響を受けるために起きると考えられる。
しかし、これらの症状は徐々に軽快し、一般的には3カ月以内に消失する。
ほとんどが受傷後3〜12カ月以内に回復する。
ただし、一部の患者ではこれらの症状が遷延したり遅発したりすることがある。

●精神・神経系統の障害

コメント
原因について、「器質的損壊」には言及しないものの、「器質的障害」の影響としているところに注目しなければなりません。
しかし、症状は一部の例外を除いて3～12カ月以内に回復する、としているのです。
あくまで一過性の症状であると捉えています。
では長く症状が続く場合、その原因は？

課題2
現実に症状の遷延や遅発の事例は、脳損傷に起因するものといえるか？

遷延ないし遅発する症状の原因を、脳の器質的障害＝脳損傷に求めることはできない。
遷延ないし遅発する症状には、脳損傷とは関係のない要因が絡んでいると考えられている。
これには、身体的には疼痛など、精神的には外傷後ストレスや不安ないし抑うつ、人格的には行動性向など、社会的には家族や職場などでのストレス、訴訟や補償などの要因が含まれている。

しかし、軽症頭部外傷による脳の機能的障害ないし器質的障害（脳損傷）による症状が消失する前に、これらの要因が絡むことによって、症状が遷延したり遅発したりしたときには、軽症頭部外傷を原因とする症状と見做すべきであるという考え方もある。

コメント
脳損傷であることをきっぱり否定しています。
他の痛みから派生する、精神的なもの、その人の性格や被害者意識が原因であると分析しています。
また、心因性の障害であるとしても、長引くその症状のきっかけとなったとの見方もあります。
これは解釈論であって白黒つく話ではありません。
いずれにしても、脳損傷のない脳障害はない！　ハッキリ断定しています。

課題3
特に、受傷による意識障害がなく、形態画像でも脳損傷を検出できないようなときはどうか？

意識障害や記憶障害などを起こしていなければ、器質的脳損傷を起こすことはないと考えられる。
このようなとき、遷延ないし遅発する症状の原因を、脳の器質的脳損傷に求めることはできない。

コメント
意識障害がなく、健忘（記憶障害）もなければ、脳損傷が存在するはずがない。
したがって、症状の継続の原因は脳損傷ではない。
この見解は、全くぶれていません。
現状の高次脳機能障害の認定基準とは一線を画すものということになります。

脳損傷の有無によって高次脳機能障害とMTBIは明確な区別がされています。
この認識は変わっていません。
そして「一過性であること」、「回復するもの」、「精神的なもの」と断定しているのです。

3）平成23年9月の高裁判決

委員会でも無視することはできず、以下のようにまとめられています。

D委員、E委員による意見発表
明確な意識障害や画像所見がなく、後遺障害9級、ただし30％の素因減額を適用を認定した裁判例、東京高裁平成22年9月9日判決、H22年（ネ）第1818号、同第2408号に基づいて、報告がなされた。

①本件事案について、一審の東京地裁は事故で脳外傷が生じたことを否定して後遺障害14級を認定したが、東京高裁はこれを認め、後遺障害9級を認定した上で、損害賠償額の算定において、「心的要因の寄与」を理由として30％の素因減額を行っている。

コメント
つまり、東京高裁判決では、画像上明らかではないが、なんらかの脳外傷があったのだろうと推論をもって障害の存在を認めています。
しかし、この認め方も灰色で、心因性の影響も捨てきれず、損害額の70％だけを認めたのです。
これを、支援団体は、MTBIの障害認定に風穴が空いたと歓喜していますが、私は、原因不明ではあるが、現状の障害の重篤度を考慮した結果であって、MTBI自体の障害認定はしていないと、受け止めています。

②東京高裁は因果関係の判断にあたり、最高裁昭和50年10月24日判決、ルンバール事件判決を引用しています。同最高裁判決は、因果関係を判断する上で、自然科学的な証明まで求めなくて良いことを述べたものである。

東京高裁が因果関係の判断に関する最高裁判決を引用した上で判断した点と、損害額の算定において、「心的要因の寄与」を理由とする素因減額、最高裁昭和63年4月21日判決参照を行っている点とを考え合わせれば、東京高裁は、脳に器質的損傷が発生したか否かという点、被害者の訴える症状のすべてが脳の器質的損傷によるものか否かという点の双方について、悩みながら判断したという印象を受ける。

コメント
自然科学的な証明を画像所見と置き換えるなら、これは画期的な判断です。
しかし引用した最高裁判例は35年前のルンバール事件で、これは医療過誤、医療事故における医師の治療行為の正当性が争われたものです。
ここからの引用は苦し紛れ、強引さを否めないと考えられるのです。
医学的な判断をする＝裁判官の苦悩は毎度のことで、医師が理解できないものを悩みながら、判断しているのです。

③東京高裁は、事故直後に強い意識障害がなくても、脳外傷は生じうるとした。
この点について加害者側は、事故後にきちんと事故状況の説明をしているし、ましてや自分で車を運転して帰っているのだから、意識障害はないだろうと主張したが、高裁は、だからといって脳外傷が生じていないとは言えないと判断している。
しかしながら、脳外傷の有無に関する東京高裁判決の論理展開は、「提出された診断・検査結果の内容

と被害者側医師意見書を考えると器質性の脳幹損傷が起こった。」というのみであり、他方、加害者側から出てきた意見書については単純に、「採用できない。」と否定するだけであって、脳外傷の判断における医学的意見の採否の理由は十分に説明されておらず、また、被害者に発生した神経症状や所見、被害者側が主張するものについても、どう評価すべきかの検討が十分ではないと思われる。

コメント
本判旨では、意識障害なしの証拠不十分でも実際の症状、治療経過、医師の診断によって脳損傷が推定できるとし、「事故直後、症状がなかった。」から脳障害はないと主張する被告の反論を採用しなかったにとどめています。
したがって、MTBIの障害性には、なんらの結論も出していません。
原告は上告すると聞いています。
最高裁で決着がつくのか？　再逆転判決、やはり障害はないとなるのか？　注目しているところです。

4）MTBIのまとめ

脳外傷の画像所見がなくても、脳損傷はあり得るのか？
意識障害がなくても、脳損傷はあり得るのか？

これら2つの問題は、今もなお、明解な結論が出ていません。
現状では、画像所見・意識障害がなければ、原則、脳損傷はないと診断されています。
先の高裁判決も、極めて限定的に、被害者救済の見地から判示したもので、今後、同様の裁判が積み上げられるとしても、認定されることが増加するとは考えられません。
これまでも、MTBIと診断された複数の被害者が、無料相談会に参加されているのですが、中でも、強烈な印象を受けた2例を簡単に紹介しておきます。

最初は、道路を横断しようとしたとき、前を通り過ぎるタクシーと大腿部がかするように接触し、よろけて転倒、それに気づかないタクシーを怒鳴りながら、走って追いかけ、停車させたとのことです。
このような事故発生状況ですが、数日を経過すると、めまい、頭痛、内臓疾患などの不定愁訴が出現し、特定の医師の診察を受け、MTBIと診断されています。

もう1つは、信号待ち停止中に追突にあった被害者で、事故受傷から2年を経過して、やはり特定の医師からMTBIと診断されています。
医師の指示で受けた拡散テンソル画像で、脳の器質的損傷を立証できたとのことで、鼻息も荒かったのですが、私に言わせれば、その器質的損傷が本件事故に起因したものか、この肝心なポイントは立証できていないのです。

交通事故110番では、いわゆる高次脳機能障害で苦しんでおられる被害者のサポートで手一杯であり、MTBIの対応には、消極的です。

5）最後に、現在、MTBIを支援している弁護士の意見

①軽度脳外傷の軽度とは、あくまで事故後の意識障害レベルが軽度であったという意味に止まり、症状

それ自体が軽度であるという意味ではなく、症状が慢性化したときは、むしろ重度の後遺障害を残存することが多いことに注意すべきである。

②自賠責保険は、脳損傷の診断基準として、国際基準に比べて異常に突出した高いハードルの診断基準を設定し、裁判所も自賠責保険の判断を追認する傾向が顕著である。
日本の医療従事者の大半は2004年WHOの軽度外傷性脳損傷の診断基準に精通していない。
そのため、脳損傷であるのに、そうでないと否定して、被害者に泣き寝入りを強いている現実がある。

29　梨状筋症候群

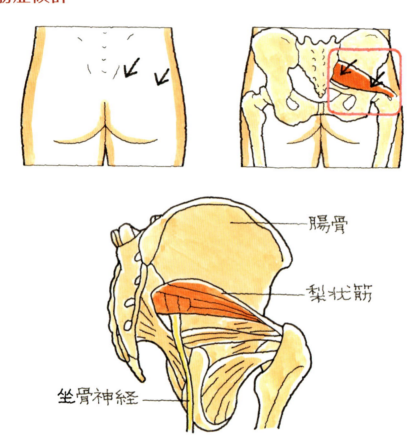

梨状筋は、お尻の中央部の仙骨から、大腿骨の頸部に伸びており、股関節を外旋させ、足先を外に向ける働きをしています。
他方、坐骨神経は、骨盤から出てきた後に梨状筋の下部を通過します。

梨状筋の中を走行する坐骨神経が、交通事故外傷などで、臀部を強烈に打撲するか、股関節捻挫により、圧迫、絞扼されることにより、坐骨神経痛を起こし、臀部の疼痛、坐骨神経の走行領域の下肢に放散する疼痛やしびれをきたす疾患のことを梨状筋症候群と呼んでいます。
坐骨神経の、絞扼性神経障害です。

主たる症状は、臀部痛と坐骨神経痛、間欠性跛行であり、数分の歩行で両足または、片足全体に痛み、しびれなどが出現し、歩けなくなるのですが、しばらく休息すると、再び歩行ができるのですが、これを繰り返します。

症状的には、腰椎椎間板ヘルニアによる根性坐骨神経痛と酷似しており、以下の鑑別診断が行われています。

①梨状筋郡、坐骨神経に圧痛があり、チネル徴候が陽性で放散痛を再現できること、
②臀部打撲などの外傷が認められ、坐位や特定の肢位、運動で疼痛が増強すること、
③圧痛が局所麻酔の注射で消失、または軽減すること、
④ラセーグは陰性、誘発テストであるKボンネットテストが陽性であること、

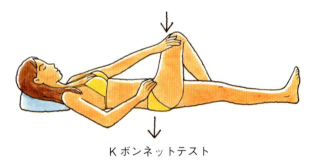

Kボンネットテスト

⑤神経症状は腓骨神経領域に強いこと、
⑥腰椎疾患が除外できること、

ヘルニアが、腰部の神経根を圧迫すると根性坐骨神経痛が起こるとされており、腰椎に椎間板ヘルニアが認められるときは、ヘルニアによる坐骨神経痛という診断が優先されます。

治療方法は、保存療法が中心です。
安静が指示され、非ステロイド系抗炎症剤や筋弛緩剤、ビタミンBの内服で痛みを緩和され、梨状筋ストレッチのリハビリが行われています。
これらで改善が得られないときは、神経ブロック、梨状筋ブロック療法が実施されています。

神経ブロック療法でも効果が得られないときは、脊椎の専門医による梨状筋切離術となりますが、私は、1例の経験もありません。

梨状筋症候群における後遺障害のキモ？

1）先の症状を訴えても、ほとんどの整形外科医は、坐骨神経痛や腰椎椎間板ヘルニアと診断し、MRIの撮影は指示しても、その後は放置することが一般的です。

2）放置されても、自然治癒すれば問題はないのですが、重量物を扱う仕事や中腰作業で腰部に大きな負担がかかる仕事、デブでは、症状は悪化します。

3）無料相談会では、杖をついて参加される被害者もおられます。
受傷機転を確認、MRIをチェックしてヘルニア所見が認められないときは、医師ではありませんが、私が梨状筋症候群を疑います。

4）治療先に同行したチーム110は、梨状筋症候群の可能性を説明し、後遺障害診断を受けます。
とっくに、6カ月以上を経過しており、今さら、梨状筋ブロックや切離術は選択しません。
先に、後遺障害等級を申請し、その後の健康保険による治療で改善をめざします。
等級は、14級9号、12級13号の選択です。

事故直後から、先の症状を訴えていれば、
①梨状筋群、坐骨神経に圧痛があり、チネル徴候が陽性で放散痛を再現できること、
②臀部打撲などの外傷が認められ、坐位や特定の肢位、運動で疼痛が増強すること、
③圧痛が局所麻酔の注射で消失、または軽減すること、
④ラセーグは陰性、誘発テストであるKボンネットテストが陽性であること、
⑤神経症状は腓骨神経領域に強いこと、
⑥腰椎疾患が除外できること、
上記の6つを丹念に立証していくことにより、等級は認定されています。

30 線維筋痛症(せんいきんつうしょう)

CRPSに続く難治性の疼痛疾患に線維筋痛症があります。
恒常的、慢性的、持続的な全身の激しい疼痛を主たる症状として、全身の重度の疲労や種々の症状を伴う難治性の深刻な疾患ですが、関節リウマチのような関節の炎症はありません。

血液、尿検査で炎症反応が得られず、脳波、心電図検査を行っても異常所見はなく、XP、CT、MRI画像の撮影でも、明らかな器質的損傷を確認することができません。現在でも、医師が押さえると痛みを感じる＝圧痛点が複数の箇所に確認できることで、この傷病名が確定診断されています。

CRPSは、交通事故などの外傷をきっかけとして発症しています。
線維筋痛症では、外傷後に発症する比率は、50％以下と報告されているのですが、50％以下であっても、線維筋痛症の発症のきっかけとして外傷や手術などが指摘されており、外傷後に生じた線維筋痛症のうち、約60％は交通事故が原因であるという報告もなされています。
具体的には、下肢の骨折から線維筋痛症の発症率は1.7％であるのに対して、頸部捻挫から線維筋痛症の発症率は21.6％とのデータが明らかにされています。

線維筋痛症の原因については、ウイルス感染説、不眠説、食物アレルギー説、化学物質過敏説、内分泌異常説、自律神経異常説、下行性疼痛抑制系の機能不全説など多くの説がありますが、いずれも、科学的、医学的に明らかにされておらず、原因不明の状態が続いています。

日本では、およそ200万人の患者数と推計されており、男女比では、中年女性が圧倒的です。
2012年6月22日、リリカが、線維筋痛症の薬として保険適応の承認を得ています。

1）2010年の米国リウマチ学会　線維筋痛症の診断基準

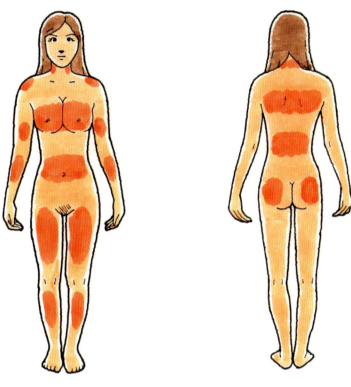

WPI＝過去1週間の19カ所の疼痛範囲の数（1項目1点）
□右肩　□左肩　□右上腕　□左上腕　□右前腕　□左前腕　□右臀部　□左臀部　□右大腿
□左大腿　□右下肢　□左下肢　□右顎　□左顎
□胸部　□腹部　□首　□上背　□下背

SS症候＝痛みの部位を評価する広範囲疼痛指標
疲労、起床時不快感、認知症状、3つの症状について、過去1週間の重症度レベルを0〜3の中から1つ、つけます。
□疲労　0　1　2　3
□起床時の不快感　0　1　2　3
□認知症状　0　1　2　3

SS＝一般的な身体症候
□筋肉痛　□過敏性腸症候群　□疲れ/疲労感　□思考または記憶障害　□筋力低下　□頭痛
□腹痛/腹部痙攣　□しびれ/刺痛　□めまい　□睡眠障害　□うつ　□便秘　□上腹部痛　□吐気
□神経質　□胸痛　□視力障害　□発熱　□下痢　□ドライマウス　□かゆみ　□喘鳴
□レイノー症状　□蕁麻疹　□耳鳴り　□嘔吐　□胸やけ　□口腔内潰瘍　□味覚障害　□痙攣
□ドライアイ　□息切れ　□食欲不振　□発疹　□光線過敏　□難聴　□あざができやすい　□抜け毛
□頻尿　□膀胱痙攣　□排尿痛

0　問題なし、
1　軽い、もしくはほとんどない、または症状があったりなかったりする、
2　中くらい、日常に支障がある、ほとんど常に感じる、

3 強い、持続的、日常生活にかなり支障になる、

3カ月以上、身体全体の痛みが続き、他疾患とは考えにくいこと、
WPIが7以上＋SS症候が5以上、または、WPIが3～6＋SS症候が9以上のものを、線維筋痛症と認定すると定義されています。

2）厚生労働省研究班による線維筋痛症の重症度

ステージ1	11カ所以上の圧痛点で痛みがあるが、日常生活で重大な影響はない
ステージ2	手足の指などに痛みが拡がり、不眠、うつ状態が続き、日常生活が困難になる、
ステージ3	爪や髪への刺激、温度・湿度変化でも激しい痛みがあり、自力での生活が困難、
ステージ4	ほとんど寝たきり、自分の体重による痛みで、長時間、同一姿勢がとれない
ステージ5	全身に激しい痛み、直腸障害や口の渇き、目の乾燥などで日常生活が不可能

3）専門医の検索

名称　桑名東医療センター 膠原病・リウマチ内科
所在地　〒511-0061 桑名市寿町3丁目11番地
TEL　0594-22-1211
医師　松本 美富士　顧問
月・水・木　完全予約制につき紹介状が必要

名称　福山リハビリテーション病院
所在地　〒720-0031 広島県福山市三吉町4丁目1-15
TEL　084-922-0800
医師　戸田　克広　先生
火・木の8：30～12：30　事前予約が必要

日本線維筋痛症学会　診療ネットワーク
http://jcfi.jp/network/network_map/index.html

4）裁判の判例について

①H18-10-13 山口地方裁判所 岩国支部判決　最高裁ウェブサイト
線維筋痛症と交通事故との因果関係を肯定した最初の判決ですが、寄与率を25％、4684万円の請求に対して528万円の支払いを命じたもので、因果関係を認めたとは言え、腰が引けています。

②H20-8-26 神戸地裁判決、自保ジャーナル1794号
頚椎捻挫から線維筋痛症を発症したという原告の主張に対し、頚部に加わった外力と線維筋痛症の直接の因果関係が不明である以上、本件事故と線維筋痛症との間に因果関係を認めることができないとして、原告の訴えを退けています。

③H22-12-2 京都地裁判決、自保ジャーナル1844号

原告の線維筋痛症の発症に、本件事故によって負った骨盤骨折等の重傷による肉体的精神的ストレスが作用している蓋然性が優にあると認められるとして、後遺障害等級7級を認定、線維筋痛症と交通事故との因果関係を認めています。

④ H24-2-28 横浜地裁判決、自保ジャーナル 1872 号
3級の線維筋痛症であるとする原告の主張を退け、7級の慢性広範痛症であると認定しています。
繊維筋痛症を診断した主治医が、圧痛点の触診すら行っていない？
線維筋痛症を一蹴した理由であり、あまりにもお粗末です。

⑤ H27-1-21 東京高裁判決、自保ジャーナル 1941 号
④の控訴審です。
本件事故と線維筋痛症の因果関係を否定し、後遺障害を14級9号と認定しています。

線維筋痛症について、方向性が示されたとは言えませんが、説得力のある否定例が目立ちます。
繊維筋痛症では、自賠責保険は、本件事故との因果関係が不明であるとして非該当にしています。
訴訟では、医学的な論争を繰り広げることになり、極めて難しい闘いが予想されます。

線維筋痛症における後遺障害のキモ？

1）交通事故との因果関係について？
交通事故により、捻挫、打撲の傷病を負っても、CRPSや線維筋痛症を発症するのは、ごくわずかです。
CRPSや線維筋痛症になりやすい要因を有する人に外傷が加わって発症したと推測されるのですが、その要因は、現在のところ、解明されていません。
さらに、CRPSや線維筋痛症になりやすい要因があったとしても、本件外傷がなければ、発症しなかったとも推測されるのです。
H27-1-21 東京高裁判決では、因果関係の立証と判定について、以下を判示しています。

「訴訟における因果関係の立証は、経験則に照らして全ての証拠を総合検討し、特定の事実が、特定の結果発生を招いた関係を是認しうる高度の蓋然性を証明することである。

その判定は、通常人が疑いを差し挟まない程度に真実性の確信を持ちうるものであることを必要とし、かつ、それで足りるものである。」

上記を前提とすれば、線維筋痛症の発生原因は未だ特定されておらず、疼痛の発症要因に限っても、外傷などの外的要因だけでなく、種々の事情による心因性の要因が含まれるとされています。
本件の線維筋痛症の原因も、また未だ特定できていないのです。

そして、本件事故による衝撃の程度が比較的軽度なものと推測されており、本件事故が線維筋痛症による疼痛の発症要因の中で、強いものであったとは考え難いのです。

線維筋痛症による疼痛発症の要因には、本件事故以外にも、種々のものが考えられます。

訴訟上の因果関係の立証としては、本件事故が線維筋痛症を発症させたとの関係を是認しうる高度の蓋然性を認めることは困難です。

最後に、後遺障害の程度は、上記症状を裏付ける他覚的所見が認められておらず、14級9号、局部に神経症状を残すものに該当するにとどまると結ばれています。

本件の訴訟では、繊維筋痛症を診断した主治医が、圧痛点の触診すら行っていないとして、線維筋痛症の傷病名が一蹴されており、あまりにもお粗末です。
にもかかわらず、3級3号の線維筋痛症であるとして、1億円を超える損害賠償請求がなされており、乱暴、かつ、荒っぽい争いでした。
判決では、これらを割り引いて検証する必要がありますが、本件事故により線維筋痛症を発症したことについて高度な蓋然性を立証が必要となると、考え込んでしまいます。

2）CRPSやPTSDでは、どうか？
交通事故により、捻挫、打撲の傷病を負っても、CRPSを発症するのは、ごくわずかな被害者です。
捻挫や打撲、極めて軽度の外傷であっても、CRPSタイプⅠ、RSDは発症しています。
外傷の程度とCRPSの症状の程度にはなんら関連がありません。
CRPSになりやすい要因がある人に外傷が加わってCRPSが発症したと推測されるのですが、その要因は特定されていません。
①皮膚・爪・毛のうち、いずれかに萎縮性変化
②関節可動域制限
③アロデニアないしはピンプリック
④発汗の亢進ないしは低下
⑤浮腫
上記の要件を満たしていれば、自賠責保険は後遺障害等級を認定し、裁判でも追認されています。

さて、交通事故で、死ぬような思いをした人でも、全員がPTSDになるわけではありません。
なぜPTSDが起こるのか？　原因が、完璧に解明されたのでもありません。
しかし、外傷後のPTSDでは、臨死体験が確認されれば、因果関係が認められ、自賠責保険も後遺障害等級を認定しているのです。

CRPS、PTSDでは因果関係が認められ、線維筋痛症では、より厳しい因果関係の立証が求められるのは、間尺に合わないことです。
しかし、どうして、あなたに限ってCRPS、PTSD、線維筋痛症となったの？
この謎は、多くをサポートしている私にも、解明できていません。

3）当面の対応は？
まずは、急いで専門医を受診することです。
線維筋痛症を代表する2名の専門医を紹介していますが、
日本線維筋痛症学会　診療ネットワーク
http://jcfi.jp/network/network_map/index.html

● 精神・神経系統の障害

上記から、全国の専門医を検索することができます。

専門医の受診で、線維筋痛症が確定診断されたのであれば、セロトニン系の抗うつ薬、抗痙攣薬のリリカなどの内服で、改善、治癒をめざすことになります。

31 仙腸関節機能不全（せんちょうかんせつきのうふぜん）　AKA

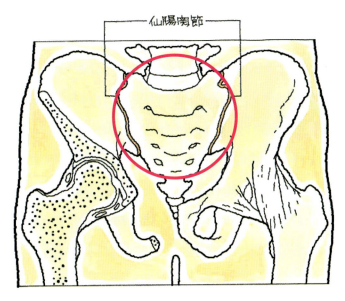

傷病名が頸・腰部捻挫であるのに、歩行もままならない被害者が、おおよそ3年周期で登場します。
大半の主治医はプシコ扱いで、まじめな対応をしてくれません。

※プシコ？
医師仲間の隠語で、psycho consult＝精神科医に相談すべき患者を意味しています。
正しく発音すれば、教養豊かな患者は、「俺をキチガイ扱いするのか！」と激怒します。
それゆえ、プシコと呼んでいるのです。

元国立大阪南病院　整形外科の博田医師は、歩行に支障をきたす激しい腰部痛について、仙腸関節の機能不全を原因とするものと説明しておられ、AKAの独自の理論を学会で発表されています。

脊柱骨の最後の部分は仙骨と尾骨で構成されており逆三角形で骨盤骨に収まっています。
この部分を仙腸関節と呼ぶのですが、この納まり具合がおかしいと歩行に支障をきたすような痛みが腰部に発生するとのお考えです。

症状は、歩行障害を伴う、腰部の激痛です。
現在、博田先生は南海高野線　千代田駅前で開業しておられます。
理学療法を中心に、主に骨盤骨の矯正が治療の中心ですが、歩けなかった被害者が、1回の治療で電車に乗って帰った？　そんな被害者を現実に経験していますが、症状は、なぜか、再び繰り返すのを特徴としています。つまり、治癒することはないのです。

このAKA理論は、画像所見を確保できないところに最大のウイークポイントがあります。
画像で説明できないので、残念ながら整形外科学会では認知に至っていません。
このAKA理論は、リハビリ科の理学療法士に信奉者が多いことを特徴としています。
爺さん会は、画像で器質的損傷を立証できないところから、後遺障害として認定していません。

保険屋さんの対応は、ムチウチに同じで、受傷後3、4カ月で治療費も休業損害も打ち切ってくるのが普通、うるさく言うと弁護士から受任通知書が送達され、債務不存在確認請求訴訟へと発展していくのを常としています。

AKA理論の提唱者である博田医師の診断を別にすれば、考えられる精密検査のすべてを実施しても、決め手が現れない被害者に対して、困り果てた医師がこの診断名をつける傾向です。
私ごときが、評価する立場にありませんし、またできません。

仙腸関節機能不全、AKAにおける後遺障害のキモ？

1）腰部に激痛を訴え、歩行もままならない被害者に対して、3DCT、MRIは、矢状断、水平断、冠状断、つまり3面からの撮影を行い、仙腸関節部の器質的損傷を立証しようとしましたが、残念ながら、画像所見を得ることはできなかったのです。

2）画像で器質的損傷を立証できなければ、AKAとして後遺障害の獲得はありません。
したがって、立証と後遺障害の申請から撤退しています。

今は、AKAの傷病名で後遺障害を申請するのではなく、腰椎捻挫としての立証に努力しています。

32 過換気症候群（かかんきしょうこうぐん）

胸部の外傷で紹介する傷病名の中で、最も軽傷なもので、後遺障害を残すこともありません。
肩の力を抜いて、学習してください。

ヒトが生きるには新鮮な酸素が必要であり、呼吸によって吸い込んだ酸素は全身を巡り、細胞の中で消

費されて二酸化炭素となり、肺から呼吸によって吐き出されています。
つまり、呼吸とは、酸素を吸って二酸化炭素を吐き出すことなのです。

さて、過呼吸とは、呼吸が速く、浅くなることですが、この発作を目の当たりにすると、間断なく息を吐き続けるのですが、息を吸うことを忘れてしまい、白目をむいて倒れるような印象です。
つまり、ヒトが無意識に行う、自然な呼吸のパターンが崩壊している状態なのです。

これまでの交通事故無料相談会で、複数回を経験しており、最初は、驚愕、うろたえました。
その後、過換気症候群を知ってからは、慣れっことなり、紙袋を手渡し、この袋の中で反復呼吸をするように指示をして対処しています。
であれば、2、3分で元通りとなり、落ち着きを取り戻しています。

過換気症候群とは、精神的な不安を原因として過呼吸になり、その結果、息苦しさ、胸部の圧迫感や痛み、動悸、めまい、手足や唇のしびれ、頭がボーッとする、死の恐怖感などを訴え、稀には失神することもある症候群のことです。
当然ですが、放置しておいても、この症状で死に至ることはありません。

几帳面で神経質な人、心配症であり、考え込んでしまう人、10代～20代の若者に多いとの報告がなされていますが、私が経験しているのは、すべて30代～40代の女性で、交通事故受傷後に、非器質性精神障害である不安神経症やパニック障害の診断がなされている被害者に限定されています。

医学的な考察を行うと、過換気症候群では、呼気からの二酸化炭素の排出が必要量を超え動脈血の二酸化炭素濃度が減少して血液がアルカリ性に傾き、そのことによって、息苦しさを感じるとされています。
血液がアルカリ性に傾くことを、医学では、呼吸性アルカローシスと言います。

そのため、無意識に延髄が反射し、呼吸を停止させ、血液中の二酸化炭素を増加させようとするのですが、大脳皮質は、呼吸ができなくなるのを異常と捉え、さらに呼吸を続けるように命じます。
この繰り返しで、血管が収縮し、軽度では手足のしびれ症状、重度であれば筋肉が硬直します。
それらが悪循環を続けると、発作がひどくなってくるのです。

先に、対処方法としてペーパーバッグ法を説明していますが、現在は、誤った処置とされています。

呼吸の速さと深さを自分で意識的に調整すれば、2～3分で、症状は自然に治まります。
万一発作が起きたとき、周囲の人は、なにもせず、安心しなさいと、被害者を落ち着かせた上で、

①息を吐くことを、患者に意識させ、ゆっくりと深呼吸をさせる、
②吸うことと、吐く比率が、1：2をめざして呼吸をさせる、
③一呼吸に、およそ10秒で、少しずつ息を吐かせる、
④胸や背中をゆっくり押して、呼吸をゆっくりするように促す、
上記の呼吸管理で、二酸化炭素を増やしつつ、酸素を取り込んでいくことが勧められています。

過換気症候群における後遺障害のキモ？

1）過呼吸は、非器質性精神障害が治癒すれば消失することから、障害の対象ではありません。

2）非器質性精神障害については、精神科、心療内科に通院して治療を続けることになります。
過呼吸を緩和する治療や、薬はありませんが、非器質性精神障害の治療が進むと、過呼吸は自然消滅しています。
これまでに、症状固定段階で、過呼吸発作が問題とされたことは1例もありません。

3）非器質性精神障害では、交通事故との因果関係を巡って厳しい審査が行われており、丁寧に立証したとしても14級9号がやっとの状況です。

●頭部外傷・高次脳機能障害

1　頭部外傷　頭部の構造と仕組み

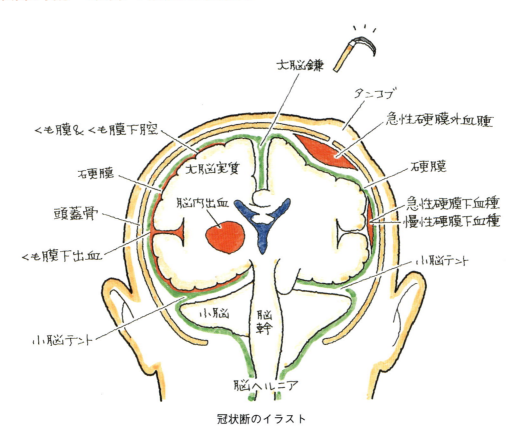

冠状断のイラスト

意識障害を伴う頭部外傷では、高次脳機能障害、重度の後遺障害が遺残することが予想されます。
ここでは、頭部、脳の構造や役割について常識的な理解を深めます。

（1）頭蓋骨
頭蓋骨は、脳を保護する脳頭蓋と、顔面を形成する顔面頭蓋から構成されています。
脳頭蓋は、さらに頭蓋冠と頭蓋底に分かれます。
頭部は、脳が頭蓋骨という固い容器に収納されている構造となっています。
頭蓋骨よりも外側を頭蓋外と言い、頭部軟部組織がおおっています。
頭蓋骨よりも内側を頭蓋内と言い、脳が髄膜に包まれた状態で存在します。
脳に対して影響をおよぼす頭蓋内の損傷の有無が、頭部外傷では問題となります。

（2）髄膜
頭蓋骨の下には、脳を包んでいる髄膜という膜があります。
髄膜は外側から順に、硬膜、くも膜、軟膜の3層構造となっています。

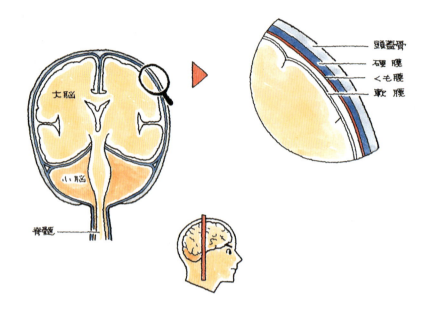

①硬膜

硬膜は、頭蓋骨の内面に張りついているラバー状の丈夫でシッカリした膜です。

硬膜は、大脳鎌と呼ばれる左右の大脳の間にくびれ込んでいます。

また、大脳と小脳の間には小脳テントを形成しています。

②くも膜

くも膜は、硬膜と軟膜の間にある透明な膜、薄く弱い膜で、ピンセットでつまむと破れます。

軟膜との間には、くも膜下腔という繊維性のネットがあり、脳脊髄液で満たされています。

このスペースに出血が起こるとくも膜下出血になります。

③軟膜

軟膜は、脳実質に張りついている透明な膜です。

脳の表面そのものですから、はがすことはできません。

くも膜よりも内側を、無色透明の脳脊髄液が満たしています。

④脳脊髄液

脳と脊髄は脳脊髄液という液体の中に浮かんでおり、くも膜の内側を無色透明の脳脊髄液が満たしています。脳脊髄液は、外からの衝撃を吸収する、脳と脊髄の新陳代謝を調節するなどの役割を果たしています。

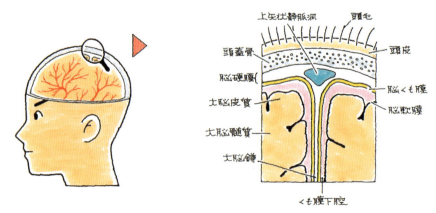

（3）脳

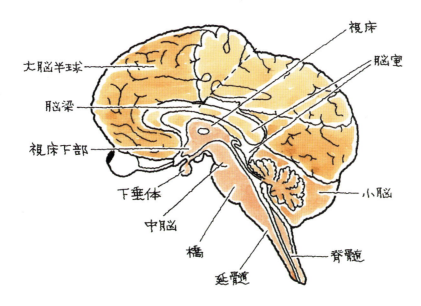

脳は、大脳、中脳、小脳、脳幹の4つの部分で構成されています。
中脳は、間脳とも呼ばれています。

大脳は、前頭葉、側頭葉、頭頂葉、後頭葉に分けられ、それぞれ異なる機能を有しています。

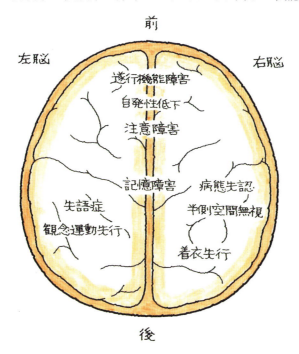

部位	役割
前頭葉	行動の開始、問題解決、判断、行動の抑制、計画、自己の客観化、情緒、注意・組織化、言語表出、
側頭葉	記憶、聴覚、嗅覚、言語理解、
頭頂葉	触覚、空間認知、視覚認知
後頭葉	視覚
脳幹	呼吸、心拍、意識・覚醒、睡眠
小脳	バランス、運動調節、姿勢

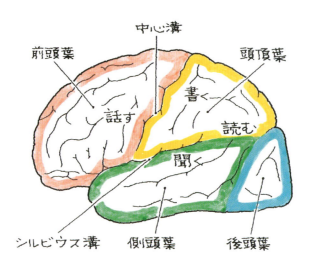

2　頭部外傷　高次脳機能障害認定の3要件

1）頭部外傷後の意識障害、もしくは健忘症あるいは軽度意識障害が存在すること、

①当初の意識障害、半昏睡〜昏睡で、開眼・応答しない状態、ＪＣＳが3〜2桁、ＧＣＳが12点以下が少なくとも6時間以上続いていることが確認できる症例、

②健忘あるいは軽度意識障害、JCSが1桁、GCSが13〜14点が、少なくとも1週間以上続いていることが確認できる症例、

意識障害　JCS	
Ⅰ覚醒している （1桁の点数で表現）	0　意識清明 1（Ⅰ-1）見当識は保たれているが意識清明ではない 2（Ⅰ-2）見当識障害がある 3（Ⅰ-3）自分の名前・生年月日が言えない
Ⅱ刺激に応じて一時的に覚醒する （2桁の点数で表現）	10（Ⅱ-1）普通の呼びかけで開眼 20（Ⅱ-2）大声で呼びかける、強く揺するなどで開眼 30（Ⅱ-3）痛刺激を加えつつ、呼びかけを続けると辛うじて開眼
Ⅲ刺激しても覚醒しない （3桁の点数で表現）	100（Ⅲ-1）痛みに対し払いのけるなどの動作をする 200（Ⅲ-2）痛刺激で手足を動かす、顔をしかめたりする 300（Ⅲ-3）痛刺激に対して全く反応しない

この他、R（不穏）、I（糞便失禁）、A（自発性喪失）などの付加情報をつけてJCS200-Iなどと表す。

乳幼児意識レベルの点数評価　JCS	
Ⅰ刺激しないでも覚醒している （1桁の点数で表現）	1あやすと笑う。ただし不十分で声を出して笑わない 2あやしても笑わないが視線は合う 3母親と視線が合わない
Ⅱ刺激すると覚醒する （2桁の点数で表現）	10飲み物を見せると飲もうとする。 あるいは乳首を見せればほしがって吸う 20呼びかけると開眼して目を向ける 30呼びかけを繰り返すと辛うじて開眼する
Ⅲ刺激しても覚醒しない （3桁の点数で表現）	100痛刺激に対し、払いのけるような動作をする 200痛刺激で少し手足を動かす、顔をしかめたりする 300痛刺激に対して全く反応しない

GCS	
E○＋V○＋E○＝合計○点と表現 正常は15点満点、深昏睡は3点、点数は小さいほど重症	
開眼機能 E (Eye opening)	4 自発的に、または普通の呼びかけで開眼 3 強く呼びかけると開眼 2 痛刺激で開眼 1 痛刺激でも開眼しない
言語機能 V (Verbal response)	5 見当識が保たれている 4 会話は成立するが見当識は混乱 3 発語は見られるが会話は成立しない 2 意味のない発声 1 発語みられず
運動機能 M (Motor response)	6 命令に従って四肢を動かす 5 痛刺激に対して手で払いのける 4 指への痛刺激に対して四肢を引っ込める 3 痛刺激に対して緩徐な屈曲運動 2 痛刺激に対して緩徐な伸展運動 1 運動みられず

PTA、外傷性健忘について	
重傷度	PTAの持続
わずかな脳振盪	0～15分
軽度の脳振盪	1.5～1時間
中程度の脳振盪	1～24時間
重度の脳振盪	1～7日間
非常に重度な脳振盪	7日間以上

JCSは3桁が重度な意識障害で、GCSは点数が低いほど重度な意識障害と憶えてください。

高次脳機能障害における後遺障害のキモ？

1）入り口部分の3つの要件の中では、意識障害所見が最も重要となります。
つまり、意識障害のレベルが認定等級に直結しているのです。

脳神経外科医は、MRIでびまん性軸索損傷の所見が得られなくても、意識障害のレベルで、それらの傷病の存在を推定し、診断しています。

半昏睡～昏睡状態が6時間以上継続していれば、立証上は、なんの問題もありませんが、5、7、9級では、外傷後の健忘や軽度の意識障害であり、担当医が、入院中の被害者をつぶさに検証して、その詳細を把握することは、現実問題として困難です。
なぜなら、治療上の必要がないからです。

実態に反して、3、4日で意識清明とされれば、この後、なになにと具体的に症状を立証しても高次脳機能障害は入り口段階で否定されることになります。

2) 交通事故 110 番の対応？

家族に対しては、受傷から 6 時間、1 週間の意識障害の経過を詳細に確認し、それを申述書として文書化し、主治医には、申述書を提示して意識障害の記載を依頼しています。

すでに、間違った所見の記載がなされているときは、申述書を示して、訂正をお願いしています。
この場合の訂正とは、新たな所見の記載を意味しています。
経験則ですが、入院期間中であれば、修正は比較的容易です。
主治医の理解を得るには、外傷性健忘のエピソードを具体的に説明することです。
それでも、チーム 110 のスタッフは、この立証に大変苦労しています。

3) 想定される 4 つのパターン

	意識障害	傷病名	画像所見	高次脳機能障害
1	○	○	○	◎
2	○	○	×	○
3	△	○	×	△
4	×	×	×	×

1 であれば、高次脳機能障害の立証に、苦労はありません。
2 でも、なんとか頑張って立証に漕ぎ着けます。
3 となれば、高次脳機能障害の認定は極めて困難となります。
4 は論外で、高次脳機能障害として審査されることはなく、非該当です。
軽度脳損傷、MTBI は 4 に該当し、高次脳機能障害として評価されていません。

頭部外傷　高次脳機能障害認定の 3 要件は、
1）頭部外傷後の意識障害、もしくは健忘症あるいは軽度意識障害が存在すること、
2）頭部外傷を示す以下の傷病名が診断されていること、
3）上記の傷病名が、画像で確認できること、

頭部外傷の傷病名	
脳挫傷	急性硬膜外血腫
びまん性軸索損傷	急性硬膜下血腫
びまん性脳損傷	外傷性くも膜下出血
外傷性脳室出血	低酸素脳症

3 要件の 1 つ、意識障害の存在は、最も重要なポイントですが、前に詳細を説明しています。
ここでは、残りの 2 つの要件、傷病名ごとの特徴や、得られる画像所見を説明していきます。

愛する家族が、ある日突然、交通事故、頭部外傷で救急搬送され、ICU に収容されました。
命にかかわる重傷であり、誰もが、我を失い、うろたえます。
しかし、それを繰り返すばかりでは、なんの前進もありません。
1 日も早く、冷静さを取り戻し、正しい解決に踏み込んでいかなければなりません。

●頭部外傷・高次脳機能障害

高次脳機能障害の重症例であっても、1年を経過すれば、症状固定の時期を迎えます。
つまり、後遺障害を立証して損害賠償請求を行う、重大な局面に突入していくのです。

では、なにから着手すべきなのか？
それは、診断書に記載されている傷病名について、正しく理解をすることです。

高次脳機能障害に特有の、記憶喪失、記憶回路の損傷、遂行機能の障害、失語、聴覚、嗅覚の脱失、言語理解や認知の低下などの異常行動は、すべて、傷病名を出発点としているからです。

傷病名を理解することは、被害者を正しく理解することにつながります。
頭部外傷を代表する11の傷病名について、画像を明示して説明します。

3　頭部外傷　左下顎骨骨折、左頬骨骨折、左側頭葉脳挫傷

脳挫傷とは、外傷による局所の脳組織の挫滅、衝撃により組織が砕けてしまう損傷のことです。
下記のCT画像では、中央部右側に白い○印、脳挫傷が確認できます。
バイクを運転し、出勤途上の27歳男性が、左狭路から右折で飛び出した自動車と出合い頭衝突、左顔面部を強打し、左下顎骨骨折、左頬骨骨折となり、左下からの突き上げる衝撃で、左側頭葉に局在性の脳挫傷をきたしたものです。

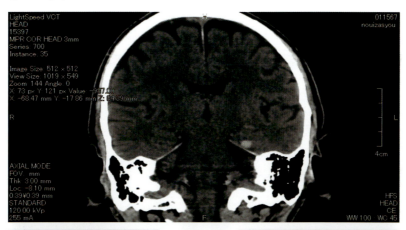

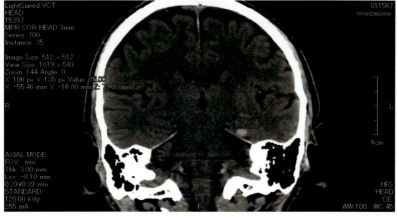

ONISのソフトを使用して、脳挫傷部に矢印を入れました。

4　頭部外傷　左側頭骨骨折・脳挫傷

下記のCT画像は、自転車の運転者が軽自動車と出合い頭衝突で左側頭部を骨折、その衝撃により、打撲部位の直下の脳組織が挫滅をきたしたものです。
これも、局在性の脳挫傷となります。

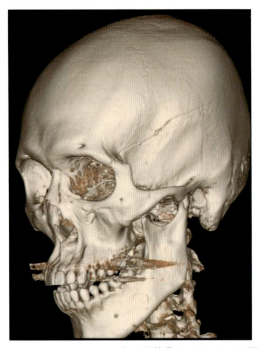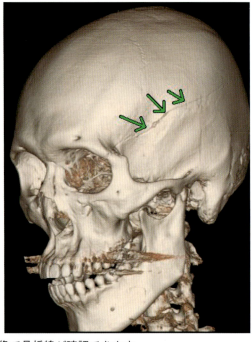

上の頭蓋骨は、CTの3D画像で骨折線が確認できます。

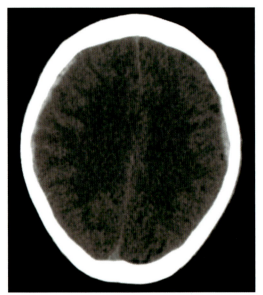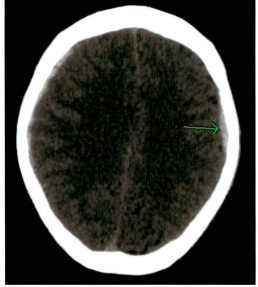

白く見えるのが脳挫傷です。

● 頭部外傷・高次脳機能障害

5 頭部外傷　急性硬膜外血腫

頭蓋骨と、頭蓋骨の内側で脳を包んでいる硬膜の間に出血がたまって血腫になったもので、多くは、硬膜の表面に浮き出たように走っている硬膜動脈が、頭蓋骨骨折に伴って傷つき、出血し、硬膜と頭蓋骨の間にたまって硬膜外血腫になります。

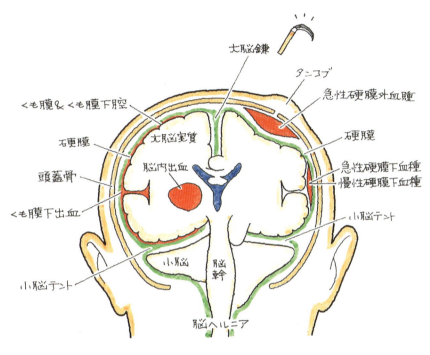

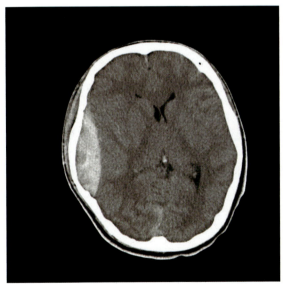

画像左側に凸レンズ状に白く広がっているのが急性硬膜外血腫です。

傷病名が急性硬膜外血腫のみにとどまり、大きな意識障害の伴わないものは、高次脳機能障害を残すことはありません。赤井英和さんの現在を参考にしてください。

6　頭部外傷　前頭骨陥没骨折、外傷性てんかん

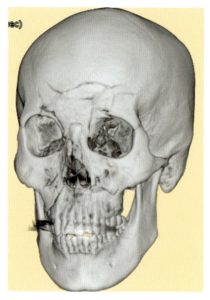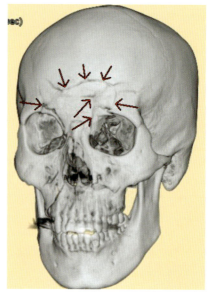

頭蓋骨骨折、脳挫傷の被害者には、外傷性てんかんの予防的措置として、一定期間、抗痙攣剤が投与されていますが、ほとんどのケースで外傷性てんかんを発症することはありません。

しかし、頭蓋骨陥没骨折後に限っては、外傷性てんかんを高頻度で発症しています。
外傷で、脳の実質部に残した瘢痕は、手術による摘出以外、除去することはできません。
この瘢痕部から発せられる異常な電気的信号に、周辺の正常な脳神経細胞が付和雷同して大騒ぎをしている状態を、外傷性てんかんと呼んでいます。

強直性全身痙攣発作

発作には大発作、焦点発作、精神運動発作があります。
発作を繰り返すことにより、周辺の正常な脳神経細胞も傷つき、性格変化や知能低下の精神障害をきたし、高度になると痴呆・人格崩壊に至ります。

間代性全身痙攣

深刻な障害ですが、治療は、発作を抑える抗痙攣剤の内服、つまり、薬物療法が基本です。
内服で発作を抑えられないケースでは、発作焦点となっている脳の部分切除がなされますが、このケースでも、術後は長期にわたる薬物療法が続けられます。

●頭部外傷・高次脳機能障害

内服を続けながら、脳波検査にて、てんかんを示すスパイク波・鋭波の消失を待つのです。
抗痙攣剤を内服中の女性は妊娠を避ける必要があります。

7　頭部外傷　びまん性軸索損傷　diffuse axonal injury : DAI

びまん性軸索損傷では、相当に深刻な後遺障害が予想されます。

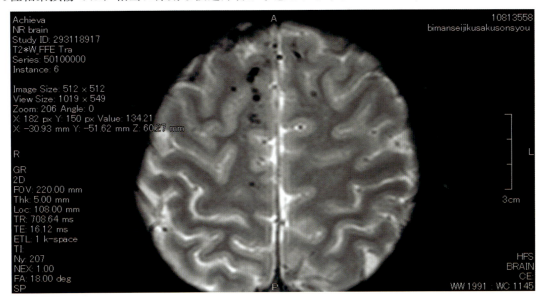

上のMRI画像をジックリと検証してください。
頭頂部から頭蓋底に至る24枚のMRI画像の6枚目に映し出されたもので、前頭葉、両側頭葉に点在する黒点は、びまん性軸索損傷、脳表面の広範囲に広がる点状出血です。
これは、症状固定段階で、主治医にMRIのT2スターで撮影を依頼、画像立証できたものです。

この画像をONISで加工、点状出血を矢印で示したものが下の画像です。

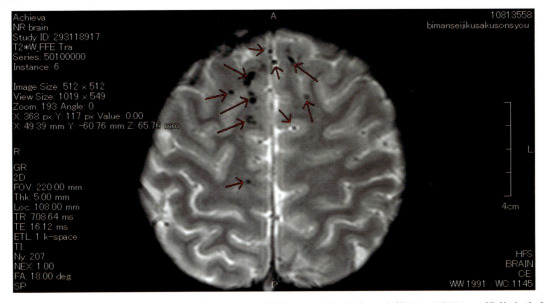

頭部に回転性の外力が加わると、脳の神経細胞の線維、つまり軸索が広範囲に断裂し、機能を失うと考えられています。びまん性軸索損傷の存在そのものが、すなわち、高次脳機能障害なのです。

107

頭部外傷といえば、脳挫傷、急性硬膜下血腫、外傷性くも膜下出血を連想します。
これも重傷ですが、局所性脳損傷では、挫滅した部分の脳の機能が失われるだけであり、重篤な後遺障害、認知障害を残すことは、実は少ないのです。

本件では、被害者はフルフェイスのヘルメットを装用しており、頭蓋骨骨折、脳挫傷はありません。
しかし、上記の画像で認められる広範囲の点状出血に伴う軸索の損傷があり、遂行機能障害、失語、記憶、聴覚や嗅覚、言語理解、認知の領域で、脳は大部分の機能を喪失しており、3級3号が認定されました。

びまん性軸索損傷では、受傷直後から意識を喪失しています。
脳神経外科の臨床では、頭部外傷のうち、受傷直後から6時間を超える意識消失が認められるときは、びまん性軸索損傷と定義、診断がなされています。

脳の表面に大きく広がる点状出血は、CTやMRIで捉えられないことが多く、通常は、明らかな脳組織の挫滅、脳挫傷や血腫が認められないものの、意識喪失の原因を、脳の細胞レベルの損傷が広範囲に生じたためと推定して診断しているのです。

頭部MRIのDWI、SWIの撮影方法であれば、神経細胞の軸索の断裂に伴う微小な出血や浮腫＝むくみが確認できるのですが、受傷後、3日以内、早期の撮影に限られます。
受傷から3日以内に交通事故相談がなされることは、通常は、ありません。
後日の相談で、たまたまDWI画像があり、点状出血が確認できていれば、ラッキーの類いで、DWI、SWIの重要性について議論になることはありません。
CTの精度では、異常が認められないことがほとんどです。

この場合でも、損保料率機構　調査事務所は、等級の認定では、画像所見を求めているのです。
症状固定段階のMRI撮影、T2スターで立証しなければなりません。
ここは、シッカリと記憶しておいてください。

8　頭部外傷　脳挫傷＋対角線上脳挫傷＝対側損傷

頭部外傷では、衝撃が加わった部位と対角線の位置に脳挫傷や脳内出血などの脳損傷を発症することがあり、これは、対側損傷と呼ばれています。

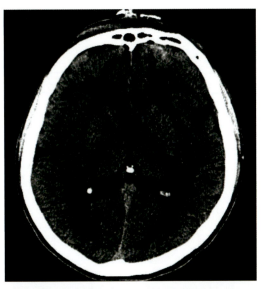

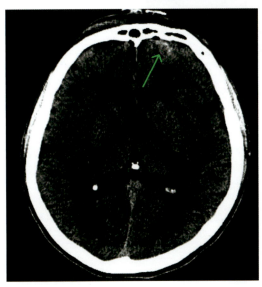
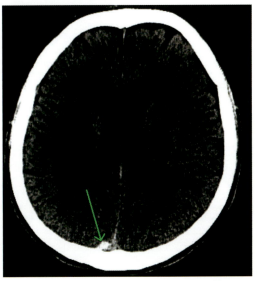

頭部に衝撃が加わったとき、脳に加速および減速力が生じて打撃の直下に脳損傷＝直撃損傷、
打撃部の反対側は、陰圧を生じ、この部位に脳損傷＝対側損傷を発生させることがあります。
特に、後頭部への衝撃に際して前頭葉や側頭葉に脳損傷を生じることが多いと報告されています。

上記のCTは、前頭葉左側部の頭蓋骨骨折＋脳挫傷ですが、衝撃波により、対角線上の右後頭部に脳挫傷を発症しています。
衝撃波による対側損傷では、びまん性軸索損傷を伴うことが多く、重度な意識障害のあるときは、その可能性を疑い、精査しなければなりません。
幸い、この被害者には、重度な意識障害はなく、MRIのT2スターでも、びまん性軸索損傷は認められていません。軽度の遂行機能障害を残し、9級10号が認定されました。

9　頭部外傷　外傷性くも膜下出血

脳を包んでいる髄膜の3層のうち、硬膜の内側にある薄いくも膜と脳の間に出血が広がったものを、くも膜下出血と言います。

通常、くも膜下出血は脳動脈瘤の破裂を原因とする出血です。

外傷を原因とするときは、外傷性くも膜下出血と診断されています。

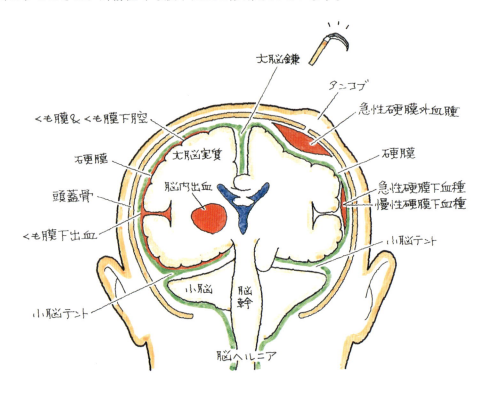

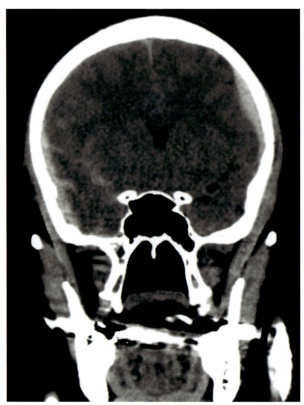
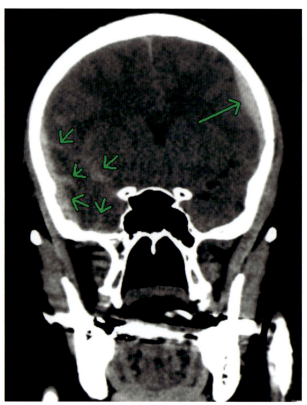

●頭部外傷・高次脳機能障害

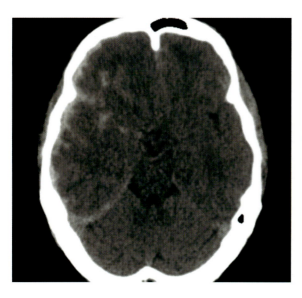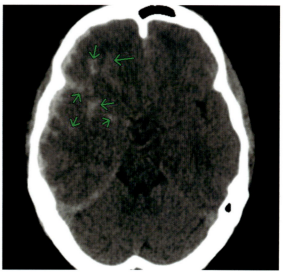

脳挫傷の所見がないのに、外傷性くも膜下出血が確認されるものは、ある意味、びまん性軸索損傷と同じ捉え方で対応しています。

くも膜下出血を手術で取り除く効果はほとんどないため、手術は通常、行われません。
出血は自然に吸収されます。
予後は合併する脳挫傷やびまん性軸索損傷の有無と程度によります。
脳脊髄液の流れが滞って、あとから外傷性正常圧水頭症をきたすことも予想されます。

10　頭部外傷　外傷性脳室出血

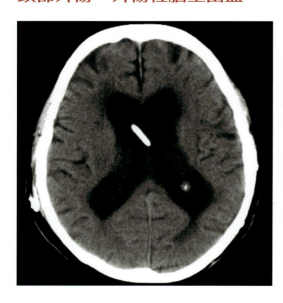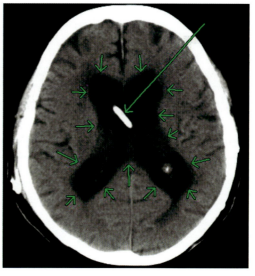

脳の中心部にある、脳室と呼ばれる空洞に出血したものです。
中央部の白く細長い像は、脳室内出血を抜き取るドレーンチューブです。

脳室は脳脊髄液で満たされており、その脳脊髄液はいくつかの脳室を順に流れていきます。
脳室と脳室の間は非常に狭い孔や通路でつながっているので、脳室内出血によって脳脊髄液の通り道が

詰まると、上流にある脳室が急速に拡大して、周囲の脳を圧迫、これを急性水頭症、徐々に流れが滞り、脳室が大きくなると正常圧水頭症と診断されています。

脳組織の挫滅＝脳挫傷に伴って脳室の壁が損傷を受け、そこからの出血が脳室内にたまって脳室内出血に至ります。

急性水頭症では、脳室の拡大のために頭蓋骨の内圧が高まり、激しい頭痛、嘔吐、意識障害などが認められます。
さらに、脳室の拡大による圧迫が脳ヘルニアの状態にまで進行すると死に至ります。

急性水頭症に対しては、局所麻酔をかけて頭蓋骨に小さな孔をあけ、脳室にチューブを挿入し、脳脊髄液と脳室内の出血を取り除く脳室ドレナージ術が、緊急に実施されています。

11　頭部外傷　急性硬膜下血腫

CT画像

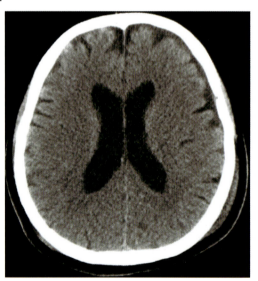
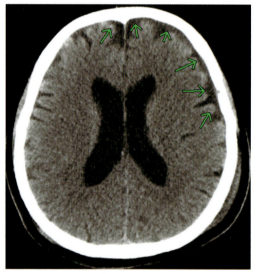

MRI画像

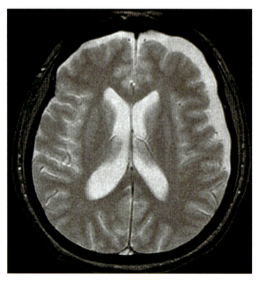
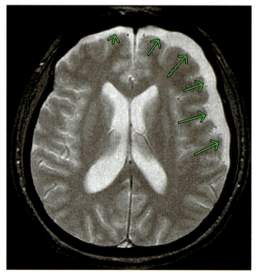

●頭部外傷・高次脳機能障害

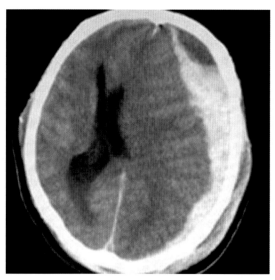

上記は、巨大な三日月型の急性硬膜下血腫で、ネットから転載したものです。

頭蓋骨の内側で脳を包んでいる硬膜と、脳の間に出血がたまって血腫となったものです。
脳組織の挫滅、脳挫傷があり、そこからの出血が脳の表面、脳表と硬膜の間に流れ込み、硬膜下血腫となります。
脳挫傷の局所の対角線上に急性硬膜下血腫が認められることも、多数例あります。

金のボウルに水を張り、豆腐を浮かべます。
包丁の峰でボウルの右側を叩くと、衝撃波により、豆腐の左端が崩れます。
これと同じ状況が脳内に発生すると、対角線上に急性硬膜下血腫を発症します。

血腫による圧迫と脳挫傷のため、頭蓋内圧が亢進すると、激しい頭痛、嘔吐、意識障害などが認められます。血腫による圧迫が脳ヘルニア状態にまで進行すると死に至ります。

血腫の大きさと症状の程度により、緊急に開頭血腫除去術が行われます。
脳神経外科のガイドラインでは、血腫の厚さが1cm以上を手術の目安としています。

脳ヘルニアが進行し、脳幹の機能が失われたときは、手術での危険が高く、開頭手術を行えないこともあり、重症例では、局所麻酔で頭蓋骨に小さな孔をあけて血腫を抜く穿頭血腫ドレナージ術が行われることがあります。
予後は、一般的に入院時の意識障害の程度に比例しています。

12　頭部外傷　慢性硬膜下血腫

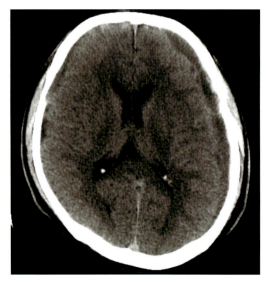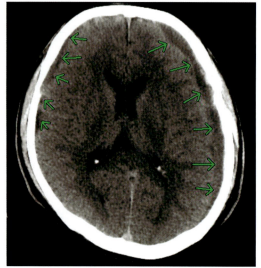

慢性硬膜下血腫とは、頭部外傷後慢性期、通常1～2カ月後に硬膜と脳とのすきまに血液がたまり、それが脳を圧迫してさまざまな症状がみられます。
高齢の男性に多く、好発部位は前頭、側頭、頭頂部で、右か左かの一側性の血腫が大半です。
上記のCTでは、両側に慢性硬膜下血腫が認められています。

交通事故では、軽微な頭部外傷が原因と推測されています。
頭部打撲をきっかけにして、脳の表面＝脳表に微量の出血あるいは脳脊髄液がたまり、その反応でつくられる膜から少しずつ出血が繰り返され、血腫が大きくなると考えられています。

受傷直後は、微量な出血であり、CTで確認することはできません。
血腫によって脳が圧迫されると、症状が出現し、このときはCTで確認できます。
血腫はCTで白く映り、このことを高吸収域と呼びます。
慢性の血腫では血液濃度が薄いときがあり、CTでは灰色＝等吸収域、黒色＝低吸収域で映ることもあります。もちろん、MRIも診断に有用です。

外傷後3週間～数カ月以内に発症し、50歳以上の高齢者の男性に多くみられます。
頭部外傷後、数週間の無症状期を経て頭痛、嘔吐などの頭蓋内圧亢進症状、片側の麻痺やしびれ、痙攣、言葉がうまく話せない、ボケや意欲の低下などの精神障害とさまざまな神経症状が見られます。

これらの症状は年代によってかなり差がみられ、若年者では、頭痛、嘔吐を中心とした頭蓋内圧亢進症状、片麻痺、失語症を中心とした局所神経症状がみられます。
高齢者では、潜在する脳萎縮により頭蓋内圧亢進症状は少なく、痴呆などの精神症状、失禁、片麻痺による歩行障害などが主な症状です。

ボケだけを発症する慢性硬膜下血腫もあり、事故後早期に、急なボケ症状が見られたときは、慢性硬膜下血腫を疑うことも重要です。

なぜなら、このボケ症状は、治療可能な痴呆症であるからです。

また、急激な意識障害、片麻痺を発症し、さらには、脳ヘルニアで生命に危険をおよぼす急性増悪型慢性硬膜下血腫も存在します。

症状より壮年〜老年期の男性で頭痛、片麻痺、歩行障害や上肢の脱力、記銘力低下、意欲減退、見当識障害、痴呆の精神症状が徐々に進行するときは、慢性硬膜下血腫を疑うことが必要です。
高齢者などでは、老人性痴呆、脳梗塞として診断されることが少なくありません。
もちろん成人でも、男女を問わず、頭部外傷後数週間を経過してから前述の症状が見られたときは、慢性硬膜下血腫を疑うべきです。
画像診断を確実にするには、CTあるいはMRIが有効です。

治療は、血腫が少量で症状も軽いときは、自然吸収を期待して経過観察とすることもありますが、通常は局所麻酔下の手術が行われます。
慢性の血腫はさらさらした液状のため、大きく開頭しなくても小さな孔から取り除くことができます。
この術式は、穿頭血腫除去術あるいは穿頭血腫ドレナージ術と呼ばれています。

意識障害を伴う重篤な症状であるときは、緊急手術が行われ、ときには、7級4号、5級2号の後遺障害を残すこともありますが、それ以外では、予後は良好、ほとんどは社会復帰が可能です。
それでも片麻痺、言語障害や認知症症状などを残すことが多く、注意深く立証すれば、9級10号となります。

本件の被害者は、慢性硬膜下血腫で7級4号が認定されています。

13　頭部外傷　脳挫傷＋頭蓋底骨折＋急性硬膜下血腫＋外傷性くも膜下出血＋びまん性軸索損傷

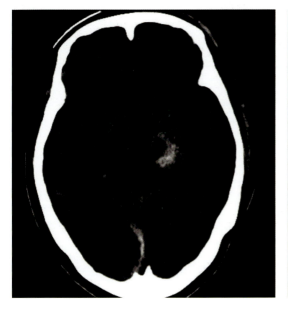
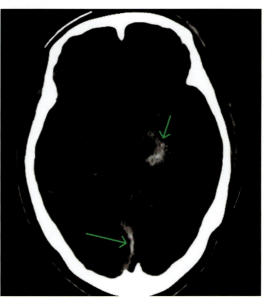

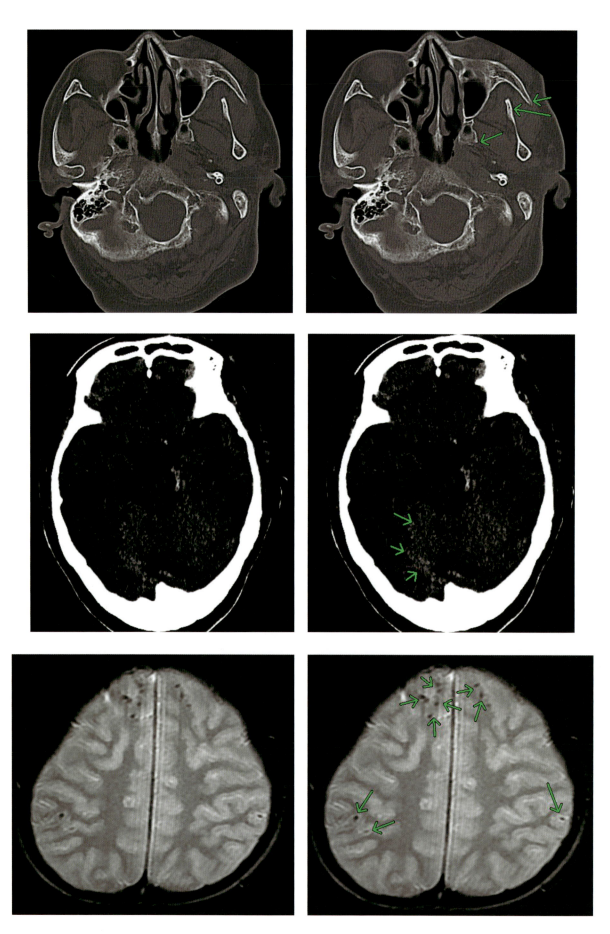

ここまで来ると、頭部外傷のデパート状態であり、相当な重症例です。

外傷による局所の脳組織の挫滅、衝撃により組織が砕けるような損傷、つまり脳挫傷となり、その出血が脳の表面、脳表と硬膜の間にたまると急性硬膜下血腫、さらに硬膜の内側にある薄いくも膜と脳の間に出血が広がっていくと外傷性くも膜下出血と診断されます。

これらの傷病名は、出血の拡がりを示しているのですが、深刻なことに、脳表面の広い範囲に点状出血、びまん性軸索損傷まで認められており、意識喪失期間は60日を超えました。

この被害者には、別表Ⅰの2級1号が認定されました。

14　高次脳機能障害チェックリスト

1）第1段階の立証？

□まず、入り口部分の3要件を満たしているかをチェックします。

	意識障害	傷病名	画像所見	高次脳機能障害
1	○	○	○	◎
2	○	○	×	○
3	△	○	×	△
4	×	×	×	×

3要件では、意識障害所見の立証が最も重要です。
軽度な意識障害、健忘では、医師のチェックもおろそかで、毎回、この立証で苦労しています。
意識障害の立証を怠ると、その他のすべてが立証できても、高次脳機能障害の認定はありません。

□傷病名？
傷病名が脳挫傷、びまん性軸索損傷、びまん性脳損傷、急性硬膜外血腫、急性硬膜下血腫、外傷性くも膜下出血、脳室出血であること。
骨折後の脂肪塞栓で呼吸障害を発症、脳に供給される酸素が激減した低酸素脳症も含みます。

□上記傷病名が、XP、CT、MRIで確認されているか？
局所性の損傷　MRIのT2FLAIRで脳萎縮、脳室拡大の進行が確認できること、
びまん性軸索損傷の点状出血は、急性期であれば、MRIのDWI：ディフュージョン、症状固定時期であれば、MRIのT2スターで陳旧性の出血痕が確認できていること、

立証ができていなければ、主治医面談の上、新たな撮影を依頼しなければなりません。

2）第2段階の立証？

次に、3要件の立証が終われば、その後に行う神経心理学的検査のメニューを決定する必要から、日常生活における支障、具体的かつ詳細な内容を家族から聴き取ります。

遂行障害・失語では、
□被害者の話し方を観察？

運動性失語では、左前頭葉のブローカ領域の損傷→流暢性の喪失
感覚性失語では、左側頭葉のウェルニッケ領域の損傷→空疎な発言

□態度を観察？
易怒性、易疲労性、集中力の欠如、幼児退行
□家族から日常生活でのエピソードを聴き取り、ギャップを抽出する。
病識の欠如

記憶障害では、
□昨夜、夕食は何を食べましたか？
今朝の朝食、何時頃、どんなものを食べましたか？
事故以来、物忘れがひどくなっていませんか？
逆向性健忘あるいは前向性健忘

□カップラーメンにお湯を入れてそのまま、こんなことはありませんか？
ワーキングメモリーの喪失
□家族全員の名前、主治医の先生の名前、自宅のペットの名前が言えますか？
固有名詞失名辞

□病院への通院日や外出する日を約束しても、単に忘れていたのではなく、全く約束自体を覚えていないことがありますか？
言語・聴覚にまつわる記憶障害

□近隣でも迷子になったことがありますか？
新しい場所では、帰って来られないことがありますか？
地誌的障害

視覚認知機能、失認、失行では、
□歩いていてよく左肩をぶつけませんか？
□食卓に並んだいくつかのおかずの皿から右半分しか箸をつけない？
□片側から話しかけられても反応しない、片側に人が立っていても存在に気づかない？
□家の絵を描かせると片側半分だけしか描かない？
半側空間無視

□右手を出してと言われて左手を出すなど、よく左右を間違えませんか？
左右失認、空間認識能力の低下

□主治医の顔、もしくは新しく出会った人の顔を覚えられないことがありますか？
相貌失認

□箸やスプーン、歯ブラシが使えない？

●頭部外傷・高次脳機能障害

事故前は、よく使っていた電気器具の使用法を忘れてしまったことはありますか？
失行

注意、遂行機能障害では、
□仕事を始めてもすぐ、ボーッとしてしまい、集中力がもたない？
□お皿を洗っている途中、気がつくと、テレビを観ている？
□窓の掃除をすると、ずっと同じところを拭いている？
注意障害、集中力が極端に低下、脈絡のない行動、会話にまとまりがない、話が飛びがち、同時にいくつかの作業を進めることができない、一つのことに固執

□旅行の計画はおろか、スケジュールを立てることができない？
□買い物の段取りが悪く、売り場を行ったり来たりして、何倍も時間がかかる？
□コピーを取ってFAXをする、その間に電話をするなど、同時並行で複数の作業ができない？
□家族に促されないと病院に行かない、薬を飲まない？
物事を計画する、効率よく処理する、最後までやり遂げることができない、同時に２つの作業を進めることができない、自発性の低下

情動障害、人格変化では、
□些細なことでキレる？
□幼児に返ったように行動し、発言が子どもっぽくなった？
□人前でも平気で着替えを始めてしまう？
□好きなお菓子ばかりを食べ続け、他の食べ物には見向きもしない？
易怒性、幼児退行、羞恥心の低下、感情失禁、脱抑制、固執性
感情を理性で抑えることができない

□毎週のようにゴルフをしていたのに、家にあるゴルフクラブに見向きもしなくなった？
□猫好きで何匹も飼っていたのに、世話をしなくなった？
□明るくよくしゃべる人だったのに、無口で暗くなった？
□「誰かが私の財布を隠した。」など、被害妄想がある？
□掃除、片づけを全くしなくなり、部屋は散らかり放題？
□逆に、ずぼらだった性格が几帳面になり、神経質に掃除をしている？
□いつも疲れていて家でゴロゴロ、居眠りが多い。突然、寝落ちする？
性格変化、易疲労性

味覚・嗅覚・めまい・ふらつきでは、
□味がついているのに、大量に醤油をかけて食べる？
□事故後、苦手で食べられなかった魚介類が食べられるようになった？
□足元にガソリンがこぼれているのに、タバコを吸おうとしてライターを取り出す？
□腐った果物を平気で食べる？

□まっすぐ歩けず、蛇行している？

☐めまいを訴える。なんでもないところで転倒する？
☐頭痛に悩まされている

脳幹出血＝運動機能の障害　小脳の損傷＝平衡感覚の喪失、運動神経の低下

麻痺では、
☐車椅子、杖、装具の使用状況は？
☐片側の足や手をよくぶつける、片側の腕や足にキズ・あざが絶えない？
☐火傷をする、お風呂に入る際、手や足の左右で感じる温度が違う？
☐自力で排便・排尿ができない、尿漏れや逆におしっこがでない？

排泄やED障害について

3）第3段階の立証？

先の聴き取りの結果をもとに、以下の28項目ある神経心理学的検査の中から最適な組み合わせを考え、主治医にそれらの検査の実施をお願いしています。

1 ミニメンタルステート検査、MMSE
2 長谷川式簡易知能評価スケール、HDS-R
3 ウェクスラー成人知能検査（WAIS-R）
4 コース立方体組み合わせテスト、Kohs
5 ウィスコンシン・カード・ソーティングテスト、WCST
6 Tinker Toy Test
7 WAB失語症検査
8 標準失語症検査（SLTA）
9 老研版失語症鑑別診断検査
10 レーブン色彩マトリックス検査、RCPM
11 日本版ウェクスラー記憶検査、WMS-R
12 リバーミード行動記憶検査、RBMT
13 三宅式記銘力検査
14 ベントン視覚記銘検査
15 レイ複雑図形再生課題、ROCFT
16 街並失認、道順失認、地誌的記憶障害検査
17 抹消検査、模写検査
18 行動性無視検査、BIT
19 標準高次視知覚検査
20 トレイル・メイキング・テスト、TMT
21 パサート、Paced Auditory Serial Addition Task、PASAT
22 注意機能スクリーニング検査、D-CAT
23 標準注意検査法・標準意欲評価法、CAT・CAS
24 BADS、Behavioral Assessment of the Dysexecutive Syndrome
25 100 － 7 等の数唱
26 MMPI　ミネソタ多面人格目録

27 CAS 不安測定検査
28 ロールシャッハテスト

高次脳機能障害のリハビリに取り組んでいる指定病院であっても、メニューを示して、丁寧に検査をお願いしない限り、以下の定食メニュー、せいぜい３つの検査が実施されるのみです。

1 ミニメンタルステート検査、MMSE
2 長谷川式簡易知能評価スケール、HDS-R
3 ウェクスラー成人知能検査（WAIS-R）

これでは、被害者の最も問題とされる障害を浮き立たせることはできません。
5級2号が然るべきであっても、7級4号や9級10号の認定となってしまうのです。

次に重要なことは、治療先の選択です。
主たる治療先に言語聴覚士もおらず、神経心理学的検査が実施できないこともあります。

そんなときでも、同一県内には、高次脳機能障害に特化した総合病院があります。
チーム110は地域密着型の活動を展開しており、立証のできる治療先を確保しています。
それであっても、徳島の被害者を京都の総合病院で検査は、あまりに不自然なのです。
同一県内で立証先を確保し、元の治療先から紹介状を得て検査を受けることが、原則中の原則です。

依頼した行政書士や弁護士が、遠方の県外の病院における検査を指示したとき？
指示のみで、治療先に同行してサポートしないとき？
「こいつは、なにも分かっていないな？」と判断し、早々に依頼を取り消すことです。

4) 最終段階における立証？

上記の神経心理学的検査の結果が手に入りました。
頭部外傷後の意識障害の所見は、第1段階で入手しています。

最終段階では、後遺障害診断書と神経系統の障害に関する医学的意見、そして、日常生活状況報告のドラフトの作成をする作業です。
完成したドラフトは、主治医のところに持ち込み、打ち合わせを行いながら、記載をお願いします。

日常生活状況報告では、検査結果と聴き取りの内容から、問題点を以下の4つにまとめます。

1 意思疎通能力
2 問題解決能力
3 持続力・持久力
4 社会行動能力

それぞれに具体的なエピソードを入れて、箇条書きではなく、大袈裟な表現でもなく、読んで頭に染み

入るような内容に仕上げなければなりません。
これで、高次脳機能障害の立証はすべて完了しました。
あとは、弁護士事務所に持参し、委任による被害者請求となります。

等級認定後は、介護料の請求や自宅の改造等で、弁護士が緻密な立証を行うことになります。
高次脳機能障害では、多くが訴訟提起による決着となります。
ですから、裁判官をうならせる立証が必要なのであって、弁護士なら誰でもOKではありません。
こんなときは、経験則がものを言います。

高次脳機能障害の立証は、交通事故110番にお任せください。

●眼の障害

1　眼の仕組みと後遺障害について

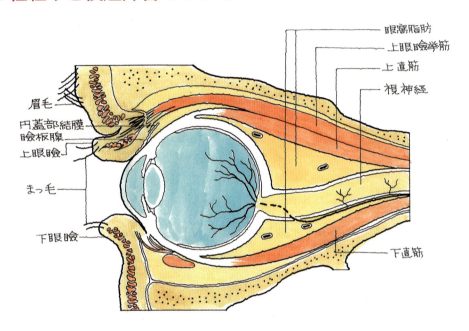

眼をカメラにたとえると、眼瞼はレンズキャップ、角膜と水晶体は組み合わせレンズ、この2つはピント合わせも担当、瞳孔はシャッター、虹彩は絞り、網膜はフィルムの役目を果たしています。

網膜に結んだ像は100万本の神経線維が束となった視神経を通じて脳内の視覚中枢に電気信号で送信され、視覚が生じるのです。眼球は頭蓋骨の洞窟の中に収納され、周りは脂肪のクッションで保護されています。人間は全情報の80％を眼＝視覚で受け取っています。

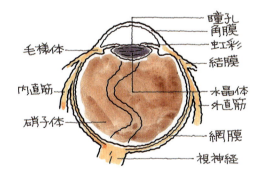

さて、眼の後遺障害ですが、大きくは眼球の障害と眼瞼の障害に区分されています。
眼球の後遺障害は、視力障害、調節機能障害、運動障害、視野障害の4つ、
眼瞼の障害は、欠損と運動障害の2つに細分化されています。
ここでの重要なポイントは、外傷に起因する他覚的所見により、後遺障害の存在を証明できることが、等級認定の要件となっていることです。

2　眼瞼＝まぶたの外傷

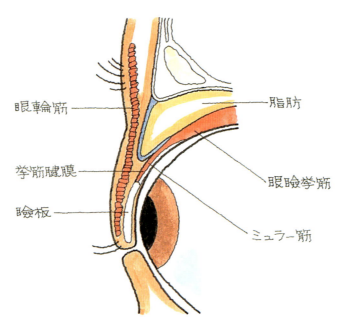

まぶたの皮膚は、まつ毛側に近づくにつれて薄くなり、眉毛側は分厚く固い皮膚となっています。
薄い皮膚の直下には、皮膚と密に癒着している眼輪筋、まぶたを閉じるための筋肉があります。
眼輪筋の下には脂肪層があり、脂肪層の下には、目の縁に瞼板という軟骨があります。
まぶたを開けるのに使われる筋肉には、眼瞼挙筋とミュラー筋の2つがあります。
これらは共に瞼板に付着しています。

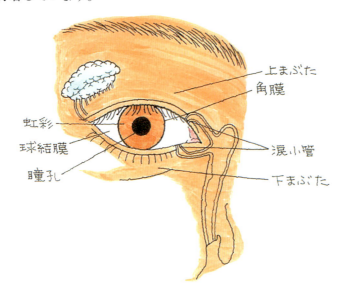

交通事故によるまぶたの外傷では、
①まぶたの打撲による腫脹
②まぶたの皮下出血
③まぶたの切創＝裂傷
④外傷性眼瞼下垂
⑤涙小管断裂
が予想されます。

①まぶたの腫脹
上下のまぶたの打撲による軟部組織の腫脹で、交通事故では、自転車やバイクの運転者に多発しています。眼球内に炎症がおよんでいなければ、安静とアイシングにより、1週間前後で治癒します。
後遺障害を残すことはありません。

②まぶたの皮下出血
上下のまぶたの打撲で、まぶたの皮下血管が損傷を受け、内出血したもので、目の周りが黒ずみ、皮膚が紫色に腫れ、目が開けられなくなることもあります。
視力や眼球運動に異常がなければ、安静、アイシングで1、2週間で吸収、治癒します。
予後も良好で、後遺障害を残しません。

③まぶたの切創＝裂傷
刃物による切創ではなく、ボクシングでも、不意のバッティングや拳の打撃により、また、交通事故の打撲でも、まぶたが切創することがあります。
まぶたの創は、ひどい出血を伴いますが、厚く重ねたガーゼで15分ほど圧迫することで、ほとんど止血することができます。止血後に、眼科あるいは形成外科で縫合することになります。
一般的には、2週間程度で治療は完了しますが、複雑で大きな裂傷は、まぶたに瘢痕を残し、顔面醜状として後遺障害の対象になります。

瘢痕であれば10円銅貨以上、線状痕であれば3cm以上で、12級14号が認められます。

まぶたの切創であっても、角膜や強膜を切断しているときは、失明の可能性が高くなります。
受傷直後に、眼科を受診しなければなりません。
その際、体を揺すったり、顔を動かしたり、目を圧迫すると、眼球の内容物が流れ出してしまうことがあり、要注意です。
予後は創の場所、大きさ、深さによって異なります。
創を受けていない方の目にも炎症を起こす交感性眼炎に注意しなければなりません。

一般に、打撲による眼の外傷では、受傷直後の視力に気をつけなければなりません。
視力が低下して、見えにくいときは、ただちに眼科医を受診、鼻出血を伴うときも同様で、前房出血、網膜震盪症、外傷性虹彩炎、虹彩離断、水晶体脱臼、眼球破裂、眼窩底吹き抜け骨折、視神経管骨折などが想定されるからです。

※交感性眼炎
外傷で、ぶどう膜を損傷すると、受傷した方とは反対の眼にも炎症が起こることがあり、交感性眼炎と呼ばれています。
交感性眼炎は、外傷、または手術後に他眼に起きる稀な肉芽腫性ぶどう膜炎です。
発生のメカニズムは、色素細胞が、外傷をきっかけとして免疫系にさらされることにより、色素に富んだぶどう膜に対する自己免疫反応が起こると考えられています。
飛蚊症と視力低下が、典型的な症状です。

蛍光眼底造影検査や髄液検査が実施され、血液検査では、白血球の増多、赤沈の亢進、CRP陽性化などの炎症性の反応がみられます。
ステロイド薬の大量点滴あるいはパルス療法が行われます。
免疫抑制薬が使われることもあります。
受傷した眼の視機能の回復が全く期待できないときには、交感性眼炎の発症を予防する必要から、受傷した眼球を摘出することも行われています。

3　外傷性眼瞼下垂
がいしょうせいがんけんかすい

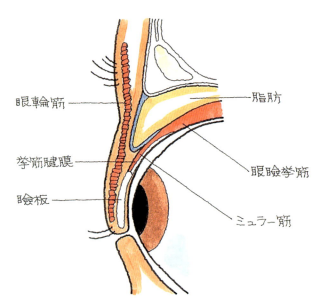

眼瞼挙筋は、まぶたや眼球の運動にかかわる動眼神経が支配しており、自分の意思でまぶたを開けたり閉じたりすることができる筋肉です。
ミュラー筋は自律神経が支配しており、自分の意思で動かすことはできません。
また、額の筋肉の前頭筋も眉毛を上げる作用があります。
眼瞼下垂などで、まぶたが開けにくい状態では、前頭筋を使ってまぶたを上げることが癖となり、額のしわが深くなります。

外傷性の眼瞼下垂は、腱膜性眼瞼下垂と呼ばれるものと動眼神経麻痺の2つに分類されます。
腱膜性眼瞼下垂は、挙筋腱膜の断裂や瞼板との付着部分が分離するなどにより、瞼板を正しく持ち上げることができず、まぶたが開きづらくなっている状態です。
上まぶたが下垂し、まぶたが開きにくくなることで、物が見えにくい状態を眼瞼下垂と呼び、先に説明した、まぶたの切創＝裂傷で、眼瞼挙筋や挙筋腱膜を損傷することでも発症します。

まぶたの欠損、まぶたの運動障害による後遺障害のキモ？

1）まぶたの欠損
交通事故によるまぶたの切創＝裂傷では、縫合や形成術を行っても、著しい欠損を残すことが予想されるのです。

①まぶたの欠損により、まぶたを閉じたときに角膜を完全に覆うことができないものは、まぶたに著しい欠損を残すものとして、単眼で11級3号が、両眼で9級4号が認定されています。

②まぶたを閉じれば角膜は完全に覆うことができるが、白目が露出する状況では、まぶたの一部に欠損を残すものとして、単眼で14級1号が、両眼で13級4号が認定されます。

瞼の欠損は、外貌の醜状障害としても捉えることができます。
両方の観点から進め、いずれか、上位の等級が認定されています。

2）まぶたの運動障害
まぶたの運動障害は、顔面や側頭部の強打で、視神経や外眼筋が損傷されたときに発症します。
ホルネル症候群、動眼神経麻痺、眼瞼外傷による上眼瞼挙筋損傷、外転神経麻痺が代表的な傷病名となります。

まぶたには、
※まぶたを閉じる＝眼瞼閉鎖
※まぶたを開ける＝眼瞼挙上
※瞬き＝瞬目運動
以上の3つの運動があり、後遺障害である、まぶたに著しい運動障害を残すものとは、瞼を閉じたときに、角膜を完全に覆えないもので、兎眼と呼ばれています。
同じく、まぶたを開いたときに、瞳孔を覆うもので、これは、眼瞼下垂と呼ばれています。

 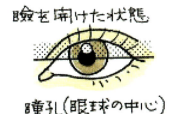

単眼で12級2号、両眼で11級2号が認定されますが、男女とも、相当に深刻です。

※偽眼瞼下垂
私にもその傾向が見られますが、65歳以上の高齢者では、眼瞼下垂と思われても、実は、まぶたの皮膚だけが緩んで下がっている眼瞼皮膚弛緩症や、前額部の皮膚や筋の弛緩により眉毛が下がりまぶたを押し下げている眉毛下垂といった老人性のたるみがほとんどです。
これは、歳のせいで、後遺障害の対象ではなく、真の眼瞼下垂とは区別しなければなりません。

どうしても見えにくいのであれば、皮膚の切除や眉毛の吊り上げのオペが選択され、回復が見込めるのです。かつて、アメリカのレーガン大統領が、このオペ＝リフト術を受けて若返っています。

※兎眼
外傷や顔面神経麻痺などにより、まぶたを完全に閉じることができず、眼球表面が露出している状態を兎眼と呼びます。

昔、兎は目を開いたまま眠ると信じられており、兎眼と呼ばれるようになりました。

放置しておけば、角膜と結膜が乾いて強いドライアイになります。
重症では、角膜の炎症や潰瘍が進行して、視力を失うことも予想されます。
眼球がまぶたに覆われ、乾かないように修復術が行われています。

4 動眼神経麻痺

動眼神経麻痺は、眼そのものの外傷ではなく、頭部外傷、脳幹部の損傷や脳圧の亢進により、第3脳神経が圧迫を受け、これが引き伸ばされたときに発症するものです。

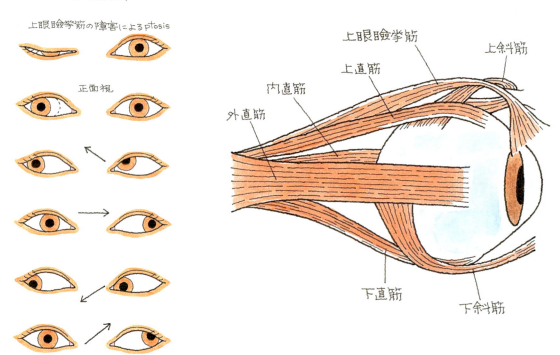

動眼神経が麻痺すると、まっすぐ正面を見ているときでも、麻痺が生じた眼は外側を向いており、モノが二重に重なって見える＝複視を発症します。

麻痺側の眼は、内側を見ようとしても、眼球が中央までしか動かず、上下方向には全く、動きません。さらに、まぶたが下垂し、自力で持ち上げることができません。
動眼神経は、瞳孔のコントロールもしているのですが、麻痺により、瞳孔は散大し、光に対する反応で収縮しなくなります。

目を動かす神経は、滑車、外転、動眼の3つで、滑車神経と外転神経は、単に、眼球を動かすだけの運動神経ですが、動眼神経は、眼球を動かす運動神経であり、自律神経を構成する副交感神経という側面をもっています。

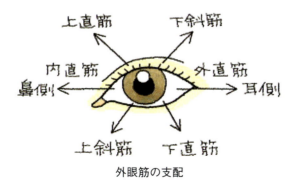

外眼筋の支配

①眼球運動障害
眼球を動かす筋肉、外眼筋は、合計6種類があるのですが、それらの6種類の筋肉は、滑車、外転、動眼の3つの神経に支配されています。
動眼神経は、内直筋、上直筋、下直筋、下斜筋、4つの外眼筋を支配、滑車神経は上斜筋、外転神経は外直筋、1つの外眼筋を支配しているのです。
これらの神経に異常や麻痺があれば、支配筋肉を動かすことができなくなります。

動眼神経麻痺では、障害された眼は、正中視で外側＝耳側に偏位します。
また、動眼神経は、外眼筋の支配以外に、眼瞼、まぶたを挙上するための上眼瞼挙筋を支配しており、動眼神経が障害されると眼瞼下垂が生じます。

②自律神経の障害
すでに説明した通り、動眼神経には自律神経としての働きもあり、その作用は縮瞳作用になります。
したがって、動眼神経が障害されると瞳孔が散大します。
動眼神経障害では、障害のある眼球が、正中視で外側に偏位し、眼瞼下垂、瞳孔散大が出現するのです。

動眼神経麻痺における後遺障害のキモ？

１）眼球の運動障害

	運動障害に関すること
11級1号	両眼の眼球に著しい調節機能障害または運動障害を残すもの、 眼球の著しい運動障害とは、ヘスコオルジメーターで眼球の注視野の広さが２分の１以下となったものを説明しています。
12級1号	１眼の眼球に著しい調節機能障害または運動障害を残すもの、

眼球の運動は上下、内外、上下斜めの３対の外眼筋の一定の緊張で維持されています。
外眼筋の一部が麻痺すると、緊張状態が壊れ、反対の方向に偏位することになります。
後遺障害では、視野計を使用し、注視野を測定します。

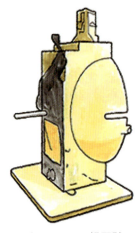

ゴールドマン視野計

注視野とは、頭部を固定した状態で、眼球の運動のみで見える範囲のことですが、単眼視では各方向50°両眼視では45°となります。
注視野の広さが２分の１以下に制限されていれば、著しい運動障害として、単眼で12級1号が、両眼で11級1号が認定されています。

単眼視注視野範囲

	上 50	上外 50	外 50	外下 50	下 50	下内 50	内 50	内上 50	計 400
右眼									
左眼									

両眼視注視野範囲

	上45	上外45	外45	外下45	下45	下内45	内45	内上45	計360
右眼									
左眼									

眼球運動障害として後遺障害等級に該当しないものであっても、複視が認められるときは、その程度に応じて等級が認定されています。

複視に関すること	
10級2号	正面視で複視の症状を残すもの、
13級2号	正面視以外で複視の症状を残すもの、

複視には正面視での複視、左右上下の複視の2種類があります。

検査には、ヘスコオルジメーターを使用し、複像表のパターンで判断します。

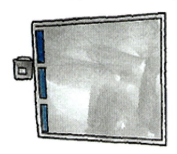

ヘスコオルジメーター

正面視の複視は、両眼で見ると高度の頭痛やめまいが生じるので、日常生活や業務に著しい支障をきたすものとして10級2号が認定されています。

左右上下の複視は、正面視の複視ほどの大きな支障はないものの、軽度の頭痛や眼精疲労が認められます。このときは、13級2号の認定がなされます。

2）まぶたの運動障害
まぶたの運動障害は、顔面や側頭部の強打で、視神経や外眼筋が損傷されたときに発症します。
ホルネル症候群、動眼神経麻痺、眼瞼外傷、外転神経麻痺が代表的な傷病名です。

まぶたには、以下の3つの運動があります。
①まぶたを閉じる＝眼瞼閉鎖、

②まぶたを開ける＝眼瞼挙上、
③瞬き＝瞬目運動

後遺障害の、まぶたに著しい運動障害を残すものとは、まぶたを閉じたときに、角膜を完全に覆えないもので、兎眼、まぶたを開いたときに、瞳孔を覆うもので、これは、眼瞼下垂と呼ばれています。

いずれも、単眼で12級2号、両眼で11級2号が認定されています。
実務上は、顔面の醜状障害として上位等級の9級16号をめざすことが大半です。

3）瞳孔に関すること
瞳孔は通常は光に反応して収縮します。
自律神経が支配していますが、目に入る光量が低下すると最大6mmの大きさに散大します。
猫の眼はこの機能を分かりやすく説明してくれます。
外傷によって瞳孔が開いたままとなり、光に対する反応が消失、または減弱したものを外傷性散瞳と呼んでおり、これらは、眼科医のハロゲン・ペンライトによる対光反射検査で立証します。

瞳孔の対光反射が著しく障害され、著明な羞明を訴え労働に支障をきたすものは、単眼で12級相当、両眼で11級相当が認定されます。
瞳孔の対光反射は認められるが不十分であり、羞明を訴え労働に支障をきたすものは、単眼で14級相当、両眼で12級相当が認定されます。

5　ホルネル症候群

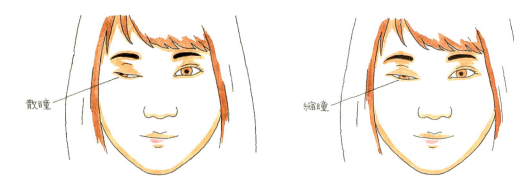

ホルネル症候群では、
①片側のまぶたが垂れ下がり、
②瞳孔が収縮して、
③発汗が減少します。

交通事故では、眼と脳を結ぶ神経線維が分断されることが原因で発症しています。

眼と脳をつなぐ神経線維のいくつかは環状になっており、それらの神経線維は脳から脊髄に沿って下行、脊髄を下ったあと、胸部から出て、頚動脈のそばを通って上へ戻り、頭蓋を通って、眼に到達しているのですが、神経線維がこの経路のどこかで分断されると、ホルネル症候群が起こります。
ホルネル症候群は、交通事故外傷による頭、脳、頚部、または脊髄の疾患、大動脈や頚動脈の解離、などが原因で発症すると報告されています。

医師は、症状が出ている側の眼にコカインを少量含む点眼薬をさし、30分を経過しても瞳孔が広がらなければ、ホルネル症候群と診断します。
その後、他の点眼薬による検査が実施され、それらの点眼薬に瞳孔がどのように反応するかを見ることで、神経損傷のおよその位置がわかります。
脳、脊髄、胸部、頚部などのCT、MRI検査も必要となります。

原因が特定されれば、その治療が開始されますが、ホルネル症候群そのものに対する具体的な治療法はありません。

ホルネル症候群における後遺障害のキモ？

1）眼瞼下垂について
後遺障害の、まぶたに著しい運動障害を残すものとは、まぶたを閉じたときに、角膜を完全に覆えないもので、兎眼、まぶたを開いたときに、瞳孔を覆うもので、これは、眼瞼下垂と呼ばれています。

いずれも、単眼で12級2号、両眼で11級2号が認定されています。
上のイラストにあるように、動眼神経麻痺と比較するのであれば、眼瞼下垂のレベルは軽度であり、上記の認定基準に該当するかは、ボーダーラインです。

2）縮瞳について
瞳孔の対光反射は認められるが不十分であり、羞明を訴え労働に支障をきたすものは、単眼で14級相当、両眼で12級相当が認定されます。

動眼神経麻痺と比較すれば軽度と解説していますが、正面視では、まぶたと瞳の明らかな異常が確認できるレベルであり、実務上は、醜状障害として9級16号、12級14号をめざすことになります。

6 外転神経麻痺(がいてんしんけいまひ)

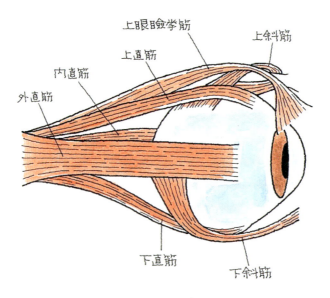

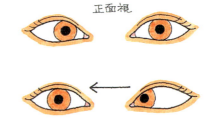

外転神経は外側直筋を収縮させ、眼球を外側に向かって水平に動かします。

眼球の運動にかかわる神経は、ほかに動眼神経、滑車神経がありますが、正常な視機能を成立させるには、脳の命令にしたがって眼球を的確に動かすことが必要となります。

例えば、両眼を連動させ常に同じ視野を捉えていなければ、モノが2つに重なって見えることになり、正しい立体感も得ることができなくなります。

交通事故による頭部外傷で、外転神経が麻痺すると、眼球は外転ができなくなり、正常よりも内側を向く内斜視となります。

側頭骨骨折、眼窩壁骨折などにより、外側直筋を断裂したときも、同じ症状となります。

そうなると、両眼の視線が見たい物の場所で交わらなくなり、複視の症状が現れます。

複視とは、モノが2つにダブって見えることです。

眼球運動神経には、
①眼を外側＝耳側に向ける外転神経、
②眼を上や下、内側＝鼻側に向ける、まぶたを開ける、
　瞳孔の大きさや水晶体の厚さを加減する動眼神経、
③眼を下に向ける滑車神経、
の3つがあります。
これらの神経に障害が起きると、複視の症状が現れることになります。

外傷性の動眼、滑車、外転神経麻痺の自然回復率は、40～50％に過ぎないとの報告があります。
通常は、ビタミンB_{12}製剤、ATP製剤などを6カ月をめどに投与し、それでも正面視で複視を残すものは、プリズム眼鏡の装用や斜視手術が行われています。
斜視手術による正面視での複視消失率は、滑車神経麻痺で90～95％、外転神経麻痺が60～70％ですが、動眼神経麻痺では、50％以下となっています。

治療は、医大系の神経眼科が最適です。

外転神経麻痺における後遺障害のキモ？

外側直筋のみの障害であり、眼球運動障害としては、後遺障害等級に該当しません。

複視に関すること	
10級2号	正面視で複視の症状を残すもの、
13級2号	正面視以外で複視の症状を残すもの、

複視には正面視での複視、左右上下の複視の2種類があります。
検査には、ヘスコオルジメーターを使用し、複像表のパターンで判断します。

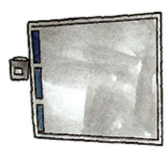

ヘスコオルジメーター

正面視の複視は、両眼で見ると高度の頭痛やめまいが生じるので、日常生活や業務に著しい支障をきたすものとして10級2号が認定されています。

左右上下の複視は、正面視の複視ほどの大きな支障はないものの、軽度の頭痛や眼精疲労が認められます。このときは、13級2号の認定がなされます。

外側直筋縫合術による正面視での複視消失率は、外転神経麻痺で60～70％と報告されていますが、これでも、先進の神経眼科における実績です。
オペを受けないかぎり、治る、治らないは、判断できないのです。

したがって、**現実的な解決としては、症状固定→後遺障害等級の認定申請を優先しています。**

7　滑車神経麻痺

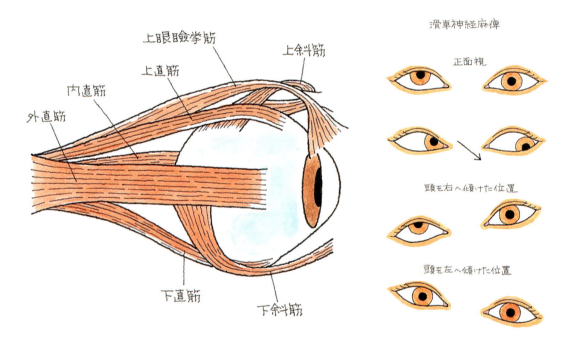

眼球を内側に向け、引き続き下に向けるとき、つまり自分の鼻を見るときに働く筋肉が上斜筋です。
眼球を動かす神経の1つ、滑車神経＝第4脳神経が上斜筋を支配しており、上斜筋麻痺＝滑車神経麻痺となります。
交通事故では、バイクの運転者の頭部外傷、側頭骨骨折、眼窩壁骨折を原因として発症しています。

麻痺した側の眼は内側と下側に動かないので、片方の像がもう片方の像より少しだけ上と横にズレて見える複視が出現し、階段を下りるのが困難になります。
階段を下りるには、内側と下側を見る必要があるからです。
しかし、麻痺が生じている筋肉と反対方向に頭を傾ければ、複視を打ち消すことができます。
この姿勢では、麻痺していない筋肉により、両眼の焦点を合わせることができるからです。
CT、あるいはMRI検査で確定診断が行われています。
治療としては、上下のズレにつき、プリズムレンズの眼鏡による補正が行われていますが、これでは、

傾きの補正ができないのが難点です。
眼の体操でやや改善が得られることもありますが、複視の根治には、上直筋の下方で、この筋肉を縫い縮める手術が実施されています。

滑車神経麻痺における後遺障害のキモ？

上斜筋のみの障害であり、眼球運動障害としては、後遺障害等級に該当しません。
複視を残すときは、以下の基準に基づいて後遺障害等級が認定されています。

複視には正面視での複視、左右上下の複視の2種類があります。

検査には、ヘスコオルジメーター＝ヘススクリーンを使用し、複像表のパターンで判断します。

ヘスコオルジメーター

複視の後遺障害の認定要件は、以下の3つとなります。
①本人が複視のあることを自覚していること、
②眼筋の麻痺など、複視を残す明らかな原因が認められること、
③ヘススクリーンテストにより患側の像が水平方向または垂直方向の目盛りで5°以上離れた位置にあることが確認されること、

正面視で複視を残すものとは、ヘススクリーンテストにより正面視で複視が中心の位置にあることが確認されたもので、正面視以外で複視を残すものとは、上記以外のものを言います。

複視は、眼球の運動障害によって生ずるものですが、複視を残すとともに眼球に著しい運動障害を残したときは、いずれか上位の等級で認定することになります。

正面視の複視は、両眼で見ると高度の頭痛やめまいが生じるので、日常生活や業務に著しい支障をきたすものとして10級2号の認定がなされます。

左右上下の複視は正面視の複視ほどの大きな支障は考えられないのですが、軽度の頭痛や眼精疲労が認められます。この場合は13級2号の認定がなされます。

眼球の運動障害	
10級2号	正面視で複視を残すもの、
11級1号	両眼の眼球に著しい調節機能障害または運動障害を残すもの、
12級1号	1眼の眼球に著しい調節機能障害または運動障害を残すもの、
13級2号	正面以外を見た場合に複視の症状を残すもの、

上斜筋縫合術による正面視での複視消失率は、滑車神経麻痺で90〜95％と報告されていますが、これは、先進の神経眼科における実績です。

オペを受けないかぎり、治る、治らないは、判断できないのです。

したがって、現実的な解決としては、症状固定→後遺障害等級の認定申請を優先しています。

8　球結膜下出血

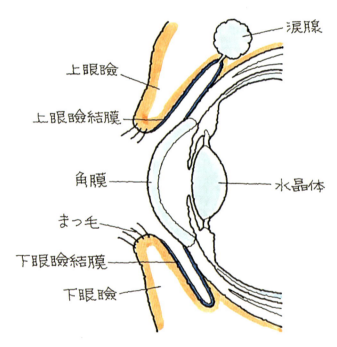

眼球結膜＝白目の部位には、大小の血管が多数存在しています。

この血管が、交通事故によるまぶたや顔面打撲などで破れ、結膜の下に出血が広がるものは球結膜下出血と呼ばれています。

白目の部分が赤く出血するので目立ちますが、痛みや異物感の自覚症状はありません。

眼科医の処方する点眼薬で、5日前後で改善します。

放置しておいても、1〜2週間のうちに、出血は自然に吸収されます。

球結膜下出血で後遺障害を残すことは考えられません。

9　角膜上皮剥離

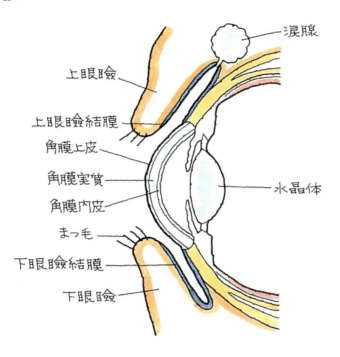

角膜とは、眼球の正面に見える黒目を覆う透明な膜です。
虹彩と水晶体を保護し、光学レンズとしての働きも有しています。
角膜の構造は、表面から上皮、実質、内皮に分かれ、角膜上皮は、外気にさらされており、角膜を外界から守るバリアとしての働きと、酸素を取り入れる働きがあります。
角膜実質は、最も厚い層ですが透明であり、光をそのまま通すことができます。
角膜内皮は、眼球内の房水という栄養分に富んだ水を実質部分に供給しています。
角膜は、ゴミなどによる刺激や、微生物による感染を受けることがあり、外傷で角膜の透明性が失われ、また変形すると視覚に障害を残します。
角膜の外傷では、強い眼の痛みを伴います。

角膜上皮剥離ですが、皮膚の擦り傷と同じで、黒目に直接、モノが当たり、あるいは、突き刺さり、角膜の上皮が剥がれた状態を角膜上皮剥離と呼んでいます。
交通事故、特にバイクの運転中、まぶたを閉じる間もなく電柱などに激突する、装用しているメガネのガラスが破損して飛び散る、コンタクトにより傷つけることで発生しています。
私の経験では、バイクで転倒した際に、栗のイガが眼に刺さった、自動車を運転中に、蜂が飛来し、メガネと眼の間に閉じ込められた蜂が、パニックとなり、目を刺されたがあります。
後者は、人身傷害保険で補償される要件を満たした交通事故となります。

角膜の上皮は、外力に対して弱く、容易に傷つき、一部が剥がれたりするのです。
症状は、痛みが強く、涙が止まらない、モノが見えない、異物感があり、まぶたを開けることができない、まぶしさを感じるなどの症状が出現します。

一方で、角膜上皮は再生力が非常に強く、小さな傷であれば2〜3時間で治ることもあります。
ビタミンB_2の点眼は、この再生力を促進させる働きがあります。

感染症予防の必要から抗生剤の点眼も行われています。

角膜上皮に限定された外傷であれば、後遺障害を残すことなく治癒します。

10　角膜穿孔外傷

交通事故では、バイクの運転者が転倒した際に、眼に対する強い打撲や、ガラスやプラスティック片、金属片などが、目に突き刺さることで発症しています。
自動車事故であっても、横転、崖下落下などでは、フロントガラスや眼鏡の破損により、高い頻度で発生しており、交通事故ではありませんが、草刈り作業中の鉄片飛来でも多発しています。

飛来異物、裂傷などにより、眼球に穿孔創＝孔が開いた外傷を角膜穿孔外傷と呼んでいます。
眼球に穿孔を生じると水晶体や硝子体、網膜、脈絡膜などの眼内組織が損傷し、重い合併症を生じることがあります。

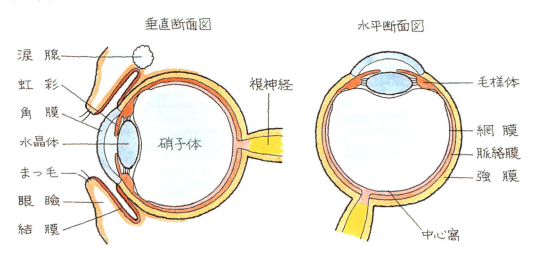

涙腺	一定量の涙を常に分泌しています。
虹彩	瞳孔の散大筋、括約筋を有し、自律神経がコントロール、カメラの絞りに相当、明暗により眼に入る光の量を自動的に調節しています。
角膜	黒目を覆う透明な膜で、光線の入口です。
水晶体	カメラのレンズに相当、毛様体と連動して調節の作用を受け持っています。
睫毛	カメラのシャッターに相当、眼球を保護し、涙、涙液膜を作っています。
結膜	眼球の露出部を保護し、眼球運動を容易にしています。
硝子体	眼球の大部分で、ゲル状の透明な物質、光を透過させています。
視神経	視細胞の軸索突起の集合体で、脳の視中枢に電気信号を伝達するケーブルです。
毛様体	緊張と弛緩により、水晶体の厚さを調整、遠近の調節を行っています。
網膜	カメラのフィルムに相当、視細胞で光を感じ、電気信号で脳に伝達しています。
脈絡膜	カメラの暗箱に相当、網膜に栄養を補給しています。
強膜	カメラのボディに相当、角膜とともに眼球を形成する外膜です。
中心窩	眼底網膜の中で、最も明視できる部分です。

受傷直後から、眼の疼痛、角膜損傷、前房・硝子体出血、硝子体混濁、低眼圧などを原因とした急激な視力障害の症状が現れます。

穿孔外傷では、すべて、神経眼科の専門医による治療が必要となります。
点眼麻酔後に、静かに開眼させると、角膜あるいは強膜に穿孔創が認められます。
周囲には出血が認められ、大裂傷では虹彩や硝子体などの眼内組織が創にはみ出しています。
虹彩や脈絡膜が眼外に飛び出したときは、黒褐色の組織が創口に付着しているのが見られます。
先端が鋭いモノが、眼に突き刺さる、また金属の破片が欠けて眼の中に飛び込むと、角膜を突き抜けて眼の奥に深く突き刺さることもあります。
解説していても、眼が痛くなる悲惨な例ですが、交通事故は不可逆的損傷であり、あり得るのです。

眼内異物が疑われたときは、異物を発見する必要から、超音波検査、XP、CTなどの画像診断が実施されています。また眼内組織の損傷レベルを知るために、細隙灯顕微鏡検査、眼底検査などの一般的な眼科検査以外に、超音波検査、ERG検査なども行われています。

※ **細隙灯顕微鏡検査**（さいげきとうけんびきょうけんさ）

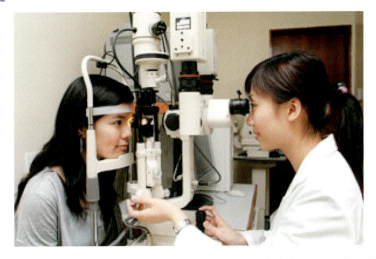

細隙灯顕微鏡によりスリットランプを当てて眼球を観察する生体検査で、視力、眼圧、眼底とともに、基本的かつ重要な検査です。
検査は、細隙灯というスリットランプからの細い光で眼球の各部を照らし、それを顕微鏡で拡大して見分、結膜、涙点から角膜、前房、虹彩、瞳孔、水晶体、硝子体などの組織を観察し、肉眼では分からない眼球内の異常を見つけ出します。

眼内異物は除去しなければならず、全例で、入院下でオペが実施されています。
穿孔創、裂傷は縫合がなされます。

外傷性白内障や硝子体出血、網膜病変など、眼内組織の損傷に対する治療は、損傷レベルで異なりますが、複数回の手術を必要とするものもあります。
また外科的治療と並行して、感染予防のために抗生剤と、炎症を抑えるための副腎皮質ホルモン薬、さらに角膜を強化し保護するためのビタミンB_{12}の点眼や投与が開始されます。

角膜の傷に細菌、緑膿菌、肺炎双球菌、ブドウ球菌などが感染、これを放置すると、角膜白三妊＝角膜に強い濁りが出現、匐行性角膜潰瘍となり、著しい視力障害を起こします。

眼内異物でも、金属片は磁石で取り出すこともできますが、非磁性異物となると、それが目の奥に突き刺さっていると、摘出で目の組織を傷つけることがあり、手術が困難となります。
視力低下の後遺障害を残すことになります。

細菌感染では、角膜や眼球内が化膿、全眼球炎に進行することもあります。
そうなると、最悪では、眼球内容除去術が選択されることになり、1眼の視力を失います。

角膜穿孔外傷における後遺障害のキモ？

本件では、眼球の障害による視力の低下が後遺障害となります。

視力に関すること	
1級1号	両眼が失明したもの、 視力の測定は万国式試視力表によることとされています。失明とは眼球を摘出したもの、明暗を判断できないもの、ようやく明暗を区別できる程度のものを説明しています。
2級1号	1眼が失明し、他眼の視力が0.02以下になったもの、 この場合の視力とは矯正視力のことを説明しています。 平成14年4月からコンタクトレンズによる矯正も認められるようになりました。
2級2号	両眼の視力が0.02以下になったもの、
3級1号	1眼が失明し、他眼の視力が0.06以下になったもの、
4級1号	両眼の視力が0.06以下になったもの、
5級1号	1眼が失明し、他眼の視力が0.1以下になったもの、
6級1号	両眼の視力が0.1以下になったもの、
7級1号	1眼が失明し、他眼の視力が0.6以下になったもの、
8級1号	1眼が失明し、または1眼の視力が0.02以下になったもの、
9級1号	両眼の視力が0.6以下になったもの、
9級2号	1眼の視力が0.06以下になったもの、
10級1号	1眼の視力が0.1以下になったもの、
13級1号	1眼の視力が0.6以下になったもの、

視力障害では、頭部外傷による視神経損傷と、眼球の外傷を原因とするものに大別できるのですが、ここでは、眼球の外傷を原因とするものに限定して説明を加えます。

1）視力低下の立証について
視力は、万国式試視力表で検査します。
等級表で説明する視力とは、裸眼視力ではなく、矯正視力のことです。
矯正視力とは、眼鏡、コンタクトレンズ、眼内レンズ等の装用で得られた視力のことですが、角膜損傷などにより、眼鏡による矯正が不可能で、コンタクトレンズに限り矯正ができるときは、裸眼視力で後遺障害等級が認定されています。

失明とは眼球を失ったもの、明暗を区別できないもの、ようやく明暗を区別できるもの、つまり矯正された視力で0.01未満を言います。

両眼の視力障害は、等級表の両眼の項目で認定します。
1眼ごとに等級を決めて併合は行いません、この点、注意が必要です。
例外もあります。
1眼の視力が0.6、他眼の視力が0.02の場合は両眼の視力障害として捉えれば9級1号となりますが、1眼の視力障害とすれば、8級1号に該当します。
このケースでは8級1号を認定しています。

イラストは手動弁と指数弁を表示しています。
手動弁とは、被害者の眼前で手を上下左右に動かし、動きの方向を弁別できる能力を言います。
指数弁とは、被害者に指の数を答えさせ、距離によって視力を表します。
1m/指数弁＝視力0.02、50cm/指数弁＝視力0.01に相当します。
暗室において被害者の眼前で照明を点滅、明暗を弁別させる光覚弁（明暗弁）がありますが、いずれも失明の検査となります。

2）視神経損傷と眼球の外傷の立証について
眼の直接の外傷による視力障害は、前眼部・中間透光体・眼底部の検査で立証します。

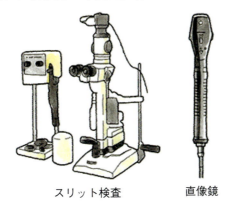

スリット検査　　直像鏡

前眼部と中間透光体の異常は、スリット検査で調べます。
眼底部の異常は、直像鏡で検査します。

視力検査はまず、オートレフで裸眼の正確な状態を検査します。
例えば、水晶体に外傷性の異常があれば、エラーで表示されるのです。
その後、万国式試視力検査で裸眼視力と矯正視力を計測します。

オートレフ

前眼部・中間透光体・眼底部に器質的損傷が認められるとき、つまり、眼の直接の外傷は、先の検査結果を添付すれば後遺障害診断は完了します。
これらで明らかな異常所見が認められないときは？
電気生理学的検査、ERG（electroretinogram）を受けなければなりません。

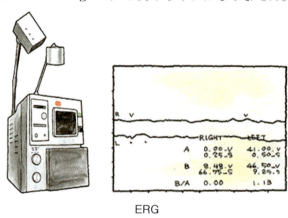

ERG

爺さん会調査事務所は、明らかに客観的な他覚所見が取れることを理由に、この検査結果を最も重要視しています。

なぜ？
実際に視力が悪いのに良く見せようとする嘘は、ミエミエなのですが、実際は良く見えているのに、見えませんとなると、これは、お手上げで、見破れないのです。
視力で後遺障害を獲得するとき、前者はなく、後者を詐盲と呼んでいますが、最近では、サムラゴウチしたと言えば正しく理解されるようです？
爺さん会調査事務所は、被害者のほとんどが詐盲を装う？
そんな妄想に取りつかれているのかもしれません。

ERGは網膜電位と訳すのですが、網膜に光刺激を与えたときに現れる網膜の活動電位をグラフにして記録したもので、当然に、ごまかしは、全くできません。

最後に、視覚誘発電位検査、VEP（visual evoked potentials）です。
これは眼球の外傷ではなく、視神経損傷が疑われるときの検査で、網膜から後頭葉に至る視覚伝達路の異常をチェックします。光刺激によって後頭葉の脳波を誘発し記録します。

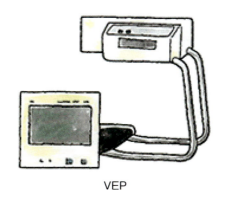
VEP

11　前房出血(ぜんぼうしゅっけつ)

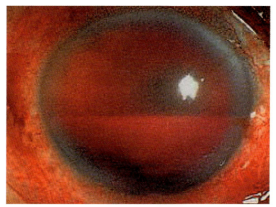
打撲による前房出血

前房出血とは、外傷により角膜裏面と虹彩の根元が傷つき、出血するものです。
角膜と虹彩の間の液体が充満している空間を前房と言いますが、そこに流出した血液がたまります。
程度によりますが、症状が長引くと視力障害をきたすことがあります。

交通事故では、眼に対する鈍的な打撲で、眼球が陥没し、虹彩や毛様体が傷ついて出血します。
眼球破裂となったときも、虹彩や毛様体が傷ついて前房出血が起こります。

鈍的外傷の直後から、程度の軽いものでは、まぶしさ、重症のものでは視力の低下が認められます。
治療により改善しますが、受傷後2〜7日後、再出血を起こすことがあります。

前房出血の症状は、外傷の直後、虹彩から出血した血液が前房全体に散らばり、しばらくすると下部の方へたまります。
前房出血が起こると、光が当たるとまぶしさや痛みを感じます。
出血が少ないときは、見た目では分からないこともありますが、出血が多いときは、前房全体が血液で満たされる状態になります。

眼球破裂、異物の有無をCTや超音波検査で確認、視力・眼圧・細隙灯顕微鏡検査にて眼底検査を行います。

出血の吸収、再出血の予防のため、ベッドを30〜45°に傾けて安静加療とします。

虹彩炎の強いときには、散瞳薬＝アトロピン点眼薬の投与、ステロイド薬の点眼、止血薬の内服などが実施され、高眼圧に対しては点眼、内服治療を行います。
高眼圧が続くと、緑内障などの視力障害を引き起こすからです。
大量の前房出血、コントロールできない高眼圧、角膜血染に対しては、前房内を洗浄します。
再出血して血液が吸収されないままの状態が長く続くと、視力低下を残します。
通常、たまった血液は１週間ほどで吸収され消失します。

前房出血における後遺障害のキモ？

１）再出血をしなければ、予後は良好で、３週間程度で後遺障害を残すことなく治癒します。

２）視力障害を残したときは、
視力は、万国式試視力表で検査します。
等級表で説明する視力とは、裸眼視力ではなく、矯正視力のことです。
矯正視力とは、眼鏡、コンタクトレンズ、眼内レンズ等の装用で得られた視力のことですが、角膜損傷などにより、眼鏡による矯正が不可能で、コンタクトレンズに限り矯正ができるときは、裸眼視力で後遺障害等級が認定されています。

眼の直接の外傷による視力障害は、前眼部・中間透光体・眼底部の検査で立証します。

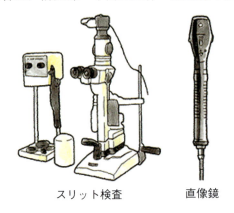

スリット検査　　　直像鏡

前眼部と中間透光体の異常は、スリット検査で調べます。
眼底部の異常は、直像鏡で検査します。
視力検査は先ず、オートレフで裸眼の正確な状態を検査します。
例えば、水晶体に外傷性の異常があれば、エラーで表示されるのです。
その後、万国式試視力検査で裸眼視力と矯正視力を計測します。

オートレフ

前眼部・中間透光体・眼底部に器質的損傷が認められるとき、つまり、眼の直接の外傷は、先の検査結果を添付すれば後遺障害診断は完了します。

視力に関すること	
1級1号	両眼が失明したもの、 視力の測定は万国式試視力表によることとされています。失明とは眼球を摘出したもの、明暗を判断できないもの、ようやく明暗を区別できる程度のものを説明しています。
2級1号	1眼が失明し、他眼の視力が0.02以下になったもの、 この場合の視力とは矯正視力のことを説明しています。 平成14年4月からコンタクトレンズによる矯正も認められるようになりました。
2級2号	両眼の視力が0.02以下になったもの、
3級1号	1眼が失明し、他眼の視力が0.06以下になったもの、
4級1号	両眼の視力が0.06以下になったもの、
5級1号	1眼が失明し、他眼の視力が0.1以下になったもの、
6級1号	両眼の視力が0.1以下になったもの、
7級1号	1眼が失明し、他眼の視力が0.6以下になったもの、
8級1号	1眼が失明し、または1眼の視力が0.02以下になったもの、
9級1号	両眼の視力が0.6以下になったもの、
9級2号	1眼の視力が0.06以下になったもの、
10級1号	1眼の視力が0.1以下になったもの、
13級1号	1眼の視力が0.6以下になったもの、

12　外傷性散瞳

先に、虹彩について、カメラの絞りに相当するもので、自律神経が瞳孔の散大筋、括約筋をコントロールし、明暗により眼に入る光の量を自動的に調節していると解説しています。

交通事故で、眼に鈍的打撲を受けると、ときとして、瞳の大きさを調節する筋肉が機械的な損傷を受け、ることがあります。
散大筋、もしくは括約筋の損傷により、瞳の大きさを調節することができず、瞳が大きくなったままの状態を外傷性散瞳と呼んでいます。

時間の経過で、徐々に回復することも報告されていますが、筋肉の損傷では、現実的には、治療の方法がありません。

明るいところに出ても、瞳を小さく調節することができず、まぶしさや像のぼやけの症状が出現し、散

瞳が大きければ、この症状は強くなります。
まぶしさから逃れるには、虹彩付きのコンタクトレンズを装用することになります。
散瞳および虹彩根部の損傷によって外傷性の続発性緑内障を発症することも予想されます。
逆に、瞳が小さくなる、外傷性縮瞳となることもあります。

外傷性散瞳における後遺障害のキモ？

1）瞳孔は、通常、光に反応して収縮します。
支配しているのは自律神経ですが、目に入る光量が低下すると最大6mmの大きさに散大します。
猫の眼は、この機能を分かりやすく説明してくれます。

外傷によって瞳孔が開いたままとなり、光に対する反応が消失または減弱したものを外傷性散瞳と言い、瞳孔の対光反射が著しく障害され、著明な羞明を訴え労働に支障をきたすものは、単眼で12級相当、両眼で11級相当が認定されています。

2）瞳孔の対光反射は認められるが、不十分であり、羞明を訴え労働に支障をきたすものは、単眼で14級相当、両眼で12級相当が認定されています。
いずれも、対光反射検査で立証します。

13　涙小管断裂

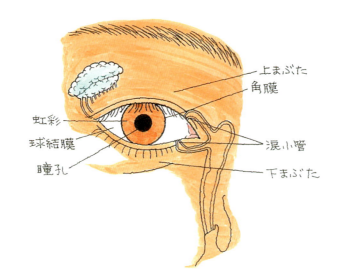

まぶたの中の涙腺から分泌された涙液が過剰となったときは、それが鼻腔へ排出される経路＝涙道が、人体には備えられています。
涙道は、涙点、涙小管、涙嚢、鼻涙管で構成されています。
目にたまった過剰な涙は、目頭にある吸入口＝涙点から吸収され、涙小管を経て眼窩下壁の窪み＝涙嚢に溜まり、そこから鼻涙管を経て鼻腔へ排出されているのです。

これらの経路が、外傷などで損傷を受けた状態を涙道損傷と言います。
放置すると、涙道は連続性が絶たれ、涙液の鼻腔への排出ができなくなり、涙は内眼角付近からこぼれ、

頬を伝って落ちるようになります。この状態を流涙と言います。

涙液には眼球の乾燥防止と眼球や眼瞼結膜を清浄化する作用があります。
流涙が生じた側では、涙液の正常な排出機能が無くなり、結膜の清浄化が損なわれ、眼脂がたまりやすくなり、結膜炎を起こしやすくなります。
結膜炎が生じると、涙腺はいっそう刺激され、さらに涙液を分泌するようになります。
涙道の閉塞した目は、結膜炎で赤くなり、常に涙を垂れ流しながら生活をしなければなりません。

これらの損傷は、主として、涙小管と鼻涙管で生じます。
涙小管断裂は、交通事故で目頭を深く切ったときに発生しています。

断裂した管の遠位・近位端を縫合して管を再建し、管内へシリコン製のチューブを挿入して管の癒着や狭窄の防止をはかります。
挿入期間は損傷の程度によって異なりますが、短くて2週間、長ければ6カ月以上のこともあります。
最初の治療で、管の損傷が見逃された陳旧例では、管の再建は非常に困難となります。
初期治療での管の再建が大切です。

鼻涙管損傷は鼻涙管が走行する上顎骨が骨折、骨片がズレることで、管が閉塞した状態を言います。
鼻涙管損傷では、上顎骨を適切に整復すれば管も再開通しますが、不適切な整復では閉塞したままとなり、このときは、涙嚢から鼻腔へ直接涙が排出する経路を設ける、涙嚢鼻腔吻合術が行われます。

上記の治療で、涙道が再開通すれば、流涙は消失し、眼脂の付着や結膜炎などの付随する症状は軽快するのですが、どこででも受けられるオペではありません。
交通事故による涙小管断裂では、多くの治療先で経験則が乏しく、放置されています。
また、損傷が大きく、オペができないことも発生しています。

涙小管断裂における後遺障害のキモ？

涙小管断裂により、1眼に常に流涙が認められるものは14級相当が認定されています。
なお、涙小管断裂による流涙が両眼に残存しているときは12級相当が認定されます。
ただし、流涙を残す眼や両眼が失明したときは、いずれも、後遺障害等級の認定はありません。

私は、散髪屋さんのご主人で涙小管断裂を経験しています。
彼は、左膝の高原骨折で10級11号が認定されており、これが損害賠償の基本となりました。
涙小管断裂による14級相当はおまけの扱いでしたが、現実の理髪業では、涙小管断裂による、絶え間のない流涙が大きな支障となっていました。
左膝の高原骨折による疼痛と可動域制限は、補助椅子に座ることで解決できたのですが、流涙を止めることができないので、常に、ガーゼで目を拭わなければなりません。

私は、支障の度合いから、14級の評価は低すぎると考えています。
これを実現するのは、弁護士の仕事です。

14　外傷性虹彩炎
<small>がいしょうせいこうさいえん</small>

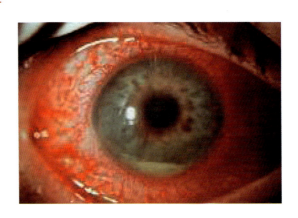

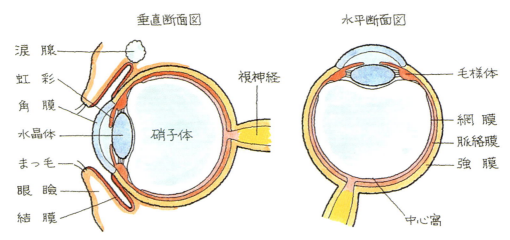

前房は、虹彩と透明な角膜の間の部分を言い、虹彩は、前房を含む目の前側部分を言います。
外傷性虹彩炎とは、打撲による茶目＝虹彩の炎症であると覚えてください。
交通事故によるまぶた部分の鈍的外傷で、虹彩に炎症が生じると、前房出血を伴い、羞明や、流涙、強い目の痛み、充血、視力低下などの症状が現れます。
虹彩炎の合併症には、白内障や緑内障、そして虹彩以外の部分への炎症の波及なども予想され、これらの合併症は視力の低下、ときには失明に至るので神経質に対応しなければなりません。
治療先は、医大系の神経眼科を選択します。

症状や細隙灯顕微鏡検査の結果で確定診断がなされ、治療は、痛みを伴って痙攣する茶目＝虹彩の筋肉を弛緩させる目的で、瞳孔を開く目薬を点眼し、症状の短期的な改善をめざし、ステロイド薬の点眼も併用されます。

外傷性虹彩炎の多くは、虹彩の軽度な出血であり、視力障害が軽度であれば、3週間前後で完全に消失、後遺障害を残すこともありません。
しかし、治療の経過で、前房出血を発症すると、治療が長引き、合併症の危険が増大します。

外傷性虹彩炎は、虹彩毛様体炎、ぶどう膜炎とも呼ばれ、眼の内側の色素に富んだぶどう膜、虹彩、またはその両方の炎症を意味しています。

15 虹彩離断(こうさいりだん)

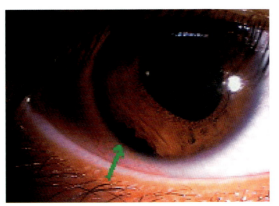

茶目＝虹彩が断裂しています。

交通事故の鈍的外傷により、虹彩が離断されたもので、ほとんどで、前房出血を伴います。

シートベルトをクリップで挟み込み、身体をあまり締め付けない状態で運転しているドライバーを見かけますが、正面衝突でエアバッグが膨らんだ際に、虹彩離断を発症した例があります。
シートベルトをクリップで挟み、ユルユルにしていたことが判明すれば、人身傷害保険は無責、対人保険であっても、無責、もしくは減額とされることが確実です。
勝手な自己判断は、慎まなければなりません。

外力による圧力で、茶目が引き伸ばされ、引き裂かれたものと覚えてください。
瞳孔は、正円をしていますが、離断した虹彩に引っ張られて、不整形となります。
茶目の全周が離断すると、外傷性無虹彩症と呼んでいます。
外傷性虹彩炎よりは重傷で、視力低下、まぶしさ＝羞明や眼圧の上昇などの症状が現れます。

視力、眼圧、細隙灯顕微鏡検査、眼底検査などが実施され、外傷性虹彩炎、高眼圧、硝子体出血、網膜剥離などの合併症の有無を確認し、治療は、散瞳薬、ステロイド薬の点眼で炎症を鎮め、高眼圧に対しては、点眼および内服治療が行われています。
大きな離断では、瞳孔偏位や多瞳孔症も予想され、単眼複視やめまい、羞明の症状が出現します。
虹彩離断は、しばしば隅角後退を伴い、緑内障や前房出血の原因ともなっています。

著しい複視、めまい、瞳孔の不整形を生じている大きな剥離、離断では、まぶしさと視界の改善を目的に、虹彩剥根部の縫合術が行われています。

※隅角検査(ぐうかく)
隅角とは、正面から見えない、角膜と虹彩の根元が交わる部分であり、細隙灯顕微鏡で検査します。
隅角には、眼圧を調節する房水の排出口があり、隅角検査は、緑内障を診断する上で欠かせない検査となっています。
外傷性虹彩離断では、隅角が後退するリスクがあり、眼圧亢進は、隅角後退を原因としています。
※房水　眼内組織に栄養を運ぶ液体を房水と呼んでいます。

※ 多瞳孔症(たどうこうしょう)

多瞳孔症＝重瞳（ちょうどう）は、1つの眼球に、瞳が2つ認められることです。

交通事故、目の鈍的外傷により、虹彩離断が悪化したとき、多瞳孔症になることがあります。
モノが二重に見える支障が生じ、治療には外科手術が必要となります。

虹彩離断における後遺障害のキモ？

1）外傷性虹彩炎では、軽度なものが多く、後遺障害を残すことは稀ですが、虹彩離断となると、かなり高い確率で、視力低下、複視、まぶしさ、瞳孔不整形の後遺障害を残しています。
まぶしさ＝羞明については、
瞳孔の対光反射が著しく障害され、著明な羞明により労働に支障をきたすものは、単眼で12級相当、両眼で11級相当が認定されています。

瞳孔の対光反射は認められるが不十分であり、羞明を訴え労働に支障をきたすものは、単眼で14級相当、両眼で12級相当が認定されます。いずれも、対光反射検査で立証します。

2）視力低下について
視力は、万国式試視力表で検査します。
等級表で説明する視力とは、裸眼視力ではなく、矯正視力のことです。
矯正視力とは、眼鏡、コンタクトレンズ、眼内レンズ等の装用で得られた視力のことです。
ただし、角膜損傷等により眼鏡による矯正が不可能で、コンタクトレンズに限り矯正ができる場合は、裸眼視力で後遺障害等級が認定されています。

眼の直接の外傷による視力障害は、前眼部・中間透光体・眼底部の検査で立証します。

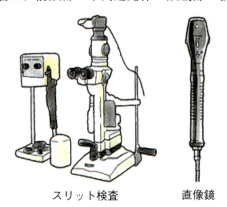

スリット検査　　　直像鏡

前眼部と中間透光体の異常は、スリット検査で調べます。
眼底部の異常は、直像鏡で検査します。

視力検査はまず、オートレフで裸眼の正確な状態を検査します。

例えば水晶体に外傷性の異常があれば、エラーで表示されるのです。
その後、万国式試視力検査で裸眼視力と矯正視力を計測します。

オートレフ

前眼部・中間透光体・眼底部に器質的損傷が認められる場合、つまり、眼の直接の外傷は、先の検査結果を添付すれば後遺障害診断は完了します。

3）複視について
複視には、正面視と左右上下の複視の2種類があるのですが、検査には、ヘスコオルジメーターを使用し、複像表のパターンで判断します。

ヘスコオルジメーター

正面視の複視は、両眼で見ると高度の頭痛やめまいが生じるので、日常生活や業務に著しい支障をきたすものとして10級2号の認定がなされています。

左右上下の複視は、正面視の複視ほどの大きな支障はありませんが、軽度の頭痛や眼精疲労が認められるので、13級2号が認定されています。

4）瞳孔の不整形は、顔面の醜状障害として、後遺障害を申請することができます。
視力低下、複視、まぶしさなどで認定される等級と比較し、いずれか上位を選択することになります。

つまり、顔面の醜状として、9級16号以上が見込めるときは、そちらを選択することになります。

16 水晶体亜脱臼

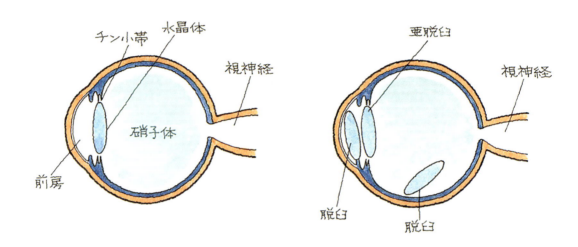

カメラで言えば、レンズの役目を果たしているのが水晶体ですが、この水晶体が正しい位置からズレた状態を亜脱臼、完全に外れてしまった状態を脱臼と呼んでいます。
具体的に言えば、水晶体は、チン小帯と呼ばれる細い糸で眼球壁に固定されています。
チン小帯のもう一方の端は虹彩につながる毛様体に付着し、虹彩の後方、瞳孔の中心に位置するように固定されているのです。
水晶体が完全に支えを失って後方の硝子体の中に沈み込む、瞳孔を通って虹彩の前に飛び出たものを水晶体完全脱臼、一部の支えを失って、下方に沈んだときは、亜脱臼と呼ばれています。
ズレの方向によって、前方脱臼、後方脱臼、側方脱臼などとも呼ばれています。

※チン小帯

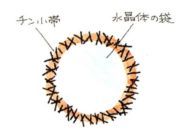

チン小帯とは、毛様体と水晶体の間を結び、水晶体を支える働きをしています。
また、毛様体の節肉と協力して、遠くや近くを見るときに水晶体の厚さを変える働き＝調節作用の役目も果たしています。

水晶体亜脱臼や脱臼は、チン小帯が切れたために起こります。
交通事故では、眼球の打撲を原因として水晶体亜脱臼や脱臼が発生しており、片眼性です。

水晶体脱臼の症状ですが、軽度の偏位では、視力は正常です。
ズレがひどくなると、複視、近視や乱視となり、眼鏡で矯正しても視力が不良になることがあります。
水晶体が瞳孔の後方に脱臼すると裸眼の視力は高度に低下します。
水晶体が硝子体内に脱臼すると、ぶどう膜炎を起こし、結膜充血をきたすことがあります。
眼圧が上昇し、角膜混濁、結膜充血をきたすこともあります。
また水晶体前房脱臼では、瞳孔がふさがれて緑内障になります。
このときには緑内障の症状に加えて角膜の後ろに脱臼した水晶体が見えます。

散瞳薬を点眼して瞳孔を広げ、細隙燈顕微鏡で観察し水晶体が正しい位置にないことが確認できれば、確定診断となり、完全脱臼した水晶体がどこにあるかは眼底鏡を使って探します。
緑内障やぶどう膜炎で眼内がよく見渡せないときや、外傷で眼内に出血しているときには超音波検査やXP、CT撮影が診断に有効です。

視力が正常、あるいは障害が軽いときは、オペによらず、そのまま経過を観察します。
水晶体脱臼では水晶体を包む袋＝水晶体嚢が正常ではなく、眼内レンズの挿入が難しいからです。
眼内レンズが使えなくても、術後に眼鏡やコンタクトレンズで矯正は可能ですが、ケアが大変で、見え方の質も低くなり、軽度の脱臼であれば、様子を見ることが眼科の常識となっています。

完全脱臼や亜脱臼、視力障害が高度になれば水晶体を切除します。
硝子体の中の水晶体を除去するには硝子体も同時に切除し、眼内レンズを毛様体に縫い付けるオペが実施されることもあります。
ぶどう膜炎、緑内障を合併すれば脱臼水晶体を切除します。
また、前房脱臼した水晶体も切除する必要があります。

17　水晶体脱臼、無水晶体眼

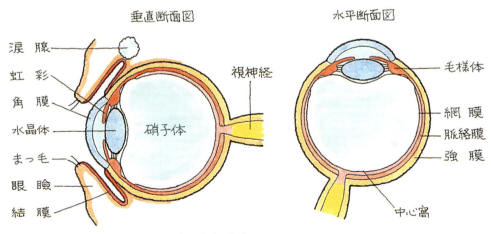

眼球には、角膜と水晶体の2つのレンズがあります。
いずれも無色透明の組織で、角膜は、形が変わらない固定レンズ、水晶体は、見るものの距離に応じて

厚みが変わる可変レンズの役目を果たしています。
外界からの光は、角膜で70%程度の屈折を完了し、残りの30%は水晶体で行っています。
水晶体自体では、厚みを変化させることはできず、このレンズに周りから力を加えるのが毛様体とチン小帯＝毛様小体です。

近くのものを見るときは、毛様体筋に力が入り、水晶体は大きく膨らみます。
毛様体と水晶体の間が狭くなり、毛様体につながっている細い筋肉線維＝チン小帯は緩むのです。
目の屈折力は強くなり、近くのものに焦点を合わすことができます。
反対に、遠くのものを見るときは、毛様体の力が抜けます。
毛様体が小さくなると、これに付着しているチン小帯の周囲が引っ張られることになり、水晶体は薄くなり、遠くのものがハッキリと見えることになります。
参考までに、虹彩は、明暗調節を行う筋肉です。

外傷性水晶体脱臼では、ほとんどで水晶体が摘出されています。
摘出しても、目が見えるの、ドキッとする傷病名ですが、水晶体脱臼の外傷や、白内障では、水晶体の摘出は珍しいことではなく、摘出した状態を無水晶体眼と呼びます。

水晶体は眼の中では可変レンズの役目を果たしていると説明していますが、レンズがなくなると、30%程度の屈折力が不足することになり、それを補う眼鏡、コンタクトレンズを装用しなければなりません。

眼鏡では、かなり度の強い凸レンズが必要となり、片眼だけの無水晶体症では、不同視を発症するところから、コンタクトレンズによる矯正が行われています。

一般的には、水晶体を摘出後に、眼内レンズ＝人工水晶体を挿入しており、このときは眼鏡、コンタクトの装用は必要なくなります。
メガネ、コンタクトレンズ、眼内レンズには、調節力がなく、老眼の進行した状況でピントが合う距離が狭まることになり、若くても老眼鏡を併用しなければならなくなります。

水晶体亜脱臼・脱臼における後遺障害のキモ？

１）視力に大きな低下がなく、軽度の水晶体亜脱臼について
軽度なものであっても、複視の後遺障害を残すことが予想されます。
複視には、正面視と左右上下の複視の２種類があるのですが、検査には、ヘスコオルジメーターを使用し、複像表のパターンで判断します。

ヘスコオルジメーター

正面視の複視は、両眼で見ると高度の頭痛やめまいが生じるので、日常生活や業務に著しい支障をきたすものとして10級2号の認定がなされています。

左右上下の複視は、正面視の複視ほどの大きな支障はありませんが、軽度の頭痛や眼精疲労が認められるので、13級2号が認定されています。

2) 水晶体の摘出による調節力の喪失について
水晶体を摘出すると、ピントが合わなくなり、ぼんやりとしか見えない状態になります。
オペ後は、メガネを装用するのですが、強い遠視のレンズで分厚く、このメガネをかけるとモノが歪み、大きく見える、拡大率が20〜35％で、周辺部がぼやけて見えるのです。
片目の水晶体脱臼では、メガネによる矯正は不可能であり、コンタクトレンズを使用します。

メガネと比較すると、ゆがみが消失、鮮明度は向上し、拡大率は2〜12％ですが、コンタクトレンズに慣れない人には難しさがあります。
これらに対して、眼内レンズは、最も自然に近く、ほとんどは、眼内レンズの適用となります。
しかし、メガネ、コンタクトレンズ、眼内レンズであっても、調節力は存在しません。
このため、遠方にピントを合わせる眼内レンズでは、手元用のメガネが必要となります。

眼の調節機能は、水晶体が担当しています。
水晶体は、近くのモノを見るときは膨張、遠くのモノを見るときは縮小して、奥の網膜に像を結びます。
カメラに置き換えれば、水晶体は、ピント合わせの働きをしているのです。

調節力は、ジオプトリ（D）の単位で表します。
検査にはアコモドポリレコーダーが調節機能測定装置として使用され、調節力が2分の1以下となったものが後遺障害の対象となります。

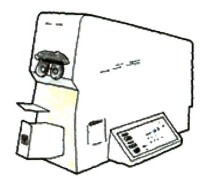

アコモドポリレコーダー

※5歳年齢ごとの調節力＝治癒時の年齢

年齢	15	20	25	30	35	40	45	50	55	60	65
調節力	9.7	9.0	7.6	6.3	5.3	4.4	3.1	2.2	1.5	1.35	1.3

交通事故による1眼の受傷では、他眼との比較で調節力を、両眼の受傷では、上記の年齢別調節力値により判断します。

ただし、調節力の1.5Dは実質的な調節機能を失っている状態であり、被害者の年齢が55歳以上であるときは、等級認定の対象になりません。
老眼鏡を使用していること、すなわち、調節力を失ったことを意味しています。
眼球の水晶体を摘出し、調節力が完全に失われたときは、等級に該当するのですが、このケースでも55歳以上は、等級認定の対象になりません。

調節機能障害は、アコモドポリレコーダーを使用し、少なくとも3回以上の検査を重ね、その結果がほぼ一定で、正常な人の2分の1以下であれば、著しい調節機能障害で、単眼で12級1号が、両眼で11級1号が認定されます。

3）視力の低下について
視力は、万国式試視力表で検査します。
等級表で説明する視力とは、裸眼視力ではなく、矯正視力のことです。
矯正視力とは、眼鏡、コンタクトレンズ、眼内レンズ等の装用で得られた視力のことです。
ただし、角膜損傷等により眼鏡による矯正が不可能で、コンタクトレンズに限り矯正ができるときは、裸眼視力で後遺障害等級が認定されています。

眼の直接の外傷による視力障害は、前眼部・中間透光体・眼底部の検査で立証します。

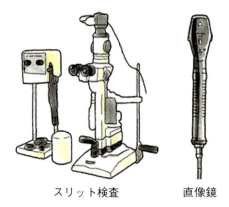

スリット検査　　　直像鏡

前眼部と中間透光体の異常は、スリット検査で調べます。
眼底部の異常は、直像鏡で検査します。

視力検査はまず、オートレフで裸眼の正確な状態を検査します。

例えば水晶体に外傷性の異常があれば、エラーで表示されるのです。
その後、万国式試視力検査で裸眼視力と矯正視力を計測します。

オートレフ

前眼部・中間透光体・眼底部に器質的損傷が認められる場合、つまり、眼の直接の外傷は、先の検査結果を添付すれば後遺障害診断は完了します。

18　外傷性白内障

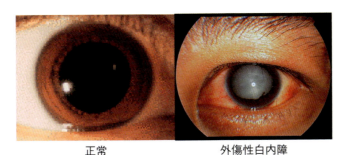

正常　　　　　外傷性白内障

白内障と言えば、老人性のイメージですが、交通事故外傷でも白内障は発症しています。
バイクや自転車の運転者に多いのですが、交通事故の衝撃を目に受ける、なにかが突き刺さることで、水晶体を損傷し、外傷性白内障を発症することがあります。
交差点における出会い頭衝突で、バイクが田んぼに転落、刈り取りが終わった稲藁で目を突いた被害者で、これを経験したことがあります。
交通事故以外では、ゴルフコンペで目に打球を受けた、卓球のスマッシュでピンポン球が目に当たった、喧嘩で目を殴られたことなどで外傷性白内障の相談を受けています。

白内障が進行すると、上図のごとく、黒目の部分＝水晶体が白く濁ってきます。
白く濁った部分は、次第に拡がり、昼間は目も開けられないほどまぶしく感じ、モノがぼやけ、視力が、どんどん低下していきます。放置しておけば、やがては失明します。

視力、眼圧、細隙灯顕微鏡検査、眼底検査で確定診断され、治療はオペが選択されています。

老人性白内障のオペは、顕微鏡を使用するマイクロサージャリーで、平均40分、日帰りも可能です。
麻酔は点眼麻酔薬を使用、少しの間、目を閉じるだけで完了します。
その後、まぶたを開く器具を装着、反射的に目を閉じないようにし、白目＝強膜を3mm切開します。
水晶体の白く濁った部分を超音波で破壊した後に吸引して、透明の度付き眼内レンズを除去した部分に乗せて完了します。

しかし、外傷性白内障では、眼球内の損傷が大きく、水晶体を支える筋肉＝チン小帯が半分以上切断していることが多く、ほとんどで、全身麻酔による難度の高いオペが予想されるのです。

眼球内に挿入する眼内レンズは、水晶体嚢に乗せることになります。
レンズを乗せても、水晶体嚢を支える筋肉＝チン小帯が広い範囲で損傷していると、チン小帯が切断することにより、レンズが落ちてしまう可能性があるのです。
結局、眼内レンズを虹彩根部に直接縫い付けることになり、時間もかかり、難度も上がります。

外傷性白内障における後遺障害のキモ？

１）難度の高いオペが成功したときには、後遺障害を残すことはありません。
しかし、交通事故では、不可逆的な損傷をきたすことが多く、理想的なオペであっても、羞明や、視力低下の後遺障害を残すことがあります。

２）羞明を残したとき
外傷によって瞳孔が開いたままとなり、光に対する反応が消失、または減弱したものを外傷性散瞳と呼んでいます。
①瞳孔の対光反射が著しく障害され、著明な羞明を訴え労働に支障をきたすものは、単眼で12級相当、両眼で11級相当が認定されています。

②瞳孔の対光反射は認められるが、不十分であり、羞明を訴え労働に支障をきたすものは、単眼で14級相当、両眼で12級相当が認定されています。
いずれも、対光反射検査で立証します。

３）視力低下を残すとき
視力は、万国式試視力表で検査します。
等級表で説明する視力とは、裸眼視力ではなく、矯正視力のことです。
矯正視力とは、眼鏡、コンタクトレンズ、眼内レンズ等の装用で得られた視力のことです。
ただし、角膜損傷等により眼鏡による矯正が不可能で、コンタクトレンズに限り矯正ができるときは、裸眼視力で後遺障害等級が認定されています。

眼の直接の外傷による視力障害は、前眼部・中間透光体・眼底部の検査で立証します。

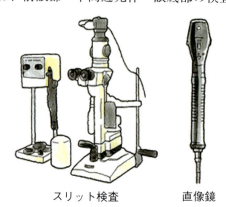

スリット検査　　　　直像鏡

前眼部と中間透光体の異常は、スリット検査で調べます。
眼底部の異常は、直像鏡で検査します。

視力検査はまず、オートレフで裸眼の正確な状態を検査します。

例えば水晶体に外傷性の異常があれば、エラーで表示されるのです。
その後、万国式試視力検査で裸眼視力と矯正視力を計測します。

オートレフ

前眼部・中間透光体・眼底部に器質的損傷が認められる場合、つまり、眼の直接の外傷は、先の検査結果を添付すれば後遺障害診断は完了します。

4）遅発性の外傷性白内障について
水晶体の損傷部位によっては、すぐに症状が現れず、長期間かけて徐々に進行することがあります。10年以上を経過しての発症も報告されています。

水晶体亜脱臼や水晶体脱臼では、水晶体の損傷を原因として、経年後に外傷性白内障を発症する可能性が十分に予想されるのです。
であれば、それらを予測して、示談書には、「本件の示談締結後に、外傷性白内障を発症したる際は、甲乙間で別途、協議を行うものとする。」これらの文言を表記しておかなければなりません。

外傷性白内障は、緑内障と同じく、失明の危険を有しており、この点は、くれぐれも用心深く対応しておく必要があると考えています。

19　眼窩底破裂骨折（がんかていはれつこっせつ）

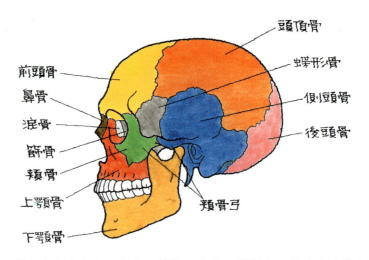

眼窩底は厚みが薄く、紙にたとえられており、外傷で容易に損傷し、眼窩内容物が上顎洞に侵入することも頻繁ですが、生物学的には、これにより、眼球破裂を回避しているのです。

※眼窩内容物
眼窩とは、頭骨の前面にあって眼球が入り込むくぼみですが、眼窩内容物とは、眼球や視神経・外眼筋・涙腺などの付属器神経、血管、脂肪などのことで、眼窩では、これらを収納し、保護しています。

眼窩を構成する骨は、頬骨、上顎骨、涙骨、篩骨、前頭骨、口蓋骨、蝶形骨の7つで、眼窩の上縁と下縁はそれぞれ前頭骨と上顎骨によって形成されています。
前頭骨と上顎骨は、強度があり、骨折しにくいのですが、眼窩底は厚みが薄く、とりわけ篩骨は、外傷で容易に骨折してしまいます。
眼窩底破裂骨折は、吹き抜け骨折とも呼ばれ、特に、眼窩内側と眼窩底に多発しています。

吹き抜け骨折では、眼窩内の出血が副鼻腔を介して鼻出血を生じることもあり、眼球運動障害、複視、視野障害、眼球陥没、瞼裂狭小化、眼窩下神経領域の知覚障害を発症することがあります。

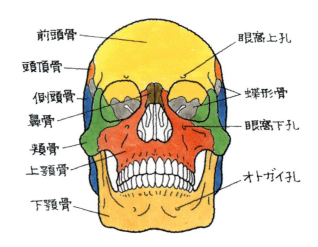

交通事故では、歩行者、自転車やバイクの運転者に多く、顔面を強くに打撲することで、発症しています。
眼窩底破裂骨折では、事故直後に眼球が陥没、あっという間に、眼窩内出血やまぶたの腫脹によって眼

瞼が狭小化していき、ゾンビ状態となるのですが、これを目の当たりにした暴走族の彼女が、白目をむいて気絶したなんて、笑えないお話も、無料相談会では聞かされています。
しかし、眼球自体には、損傷がおよばないことがほとんどです。

検査は、顔面の単純XP、内側壁骨折に対してはCTが有効です。
頭部CTでは、3DCTで眼球陥没と内側壁骨折所見がハッキリと描出されます。
頭部外傷では、MRI撮影も必要です。
眼窩底破裂骨折は、頭蓋骨骨折ですから、脳神経外科の対応が必要です。
脳震盪、脳挫傷、眼窩下神経障害、視神経障害を合併することがあり、神経質な対応が必要です。

直後の症状では、眼球の上転障害がみられ、これに伴う複視や視野障害、眼窩下神経領域の感覚障害により頬から上口唇のしびれ、眼球陥没、痛み、骨折部分の腫れ、皮下気腫、目の周りの青紫色のあざ、鼻出血、眼球下垂、球後血腫、眼球内陥、視野狭窄、吐き気などがあります。

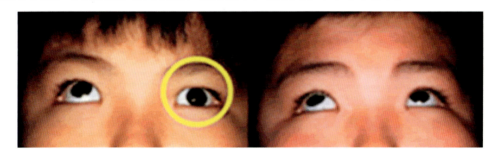

※球後出血
眼窩骨折では、骨折で傷ついた血管から出た血がたまることがあり、これを球後出血と呼びます。
そうなると、眼球や視神経、眼球に出入りする血管が圧迫されて視力障害を起こすことがあります。

※眼球陥入、眼球内陥、眼球陥没
眼窩壁の骨折が広い範囲におよぶときは、眼球が眼窩の中に沈み込みます。
このことを眼球陥入などと言います。

眼窩底骨折の治療は、骨折した部分の整復手術です。
骨の損傷が軽度では、骨を整復して眼窩内容物が落ちないように固定します。

手術が必要なのは、以下の2つです。
①骨折した部分に眼球周囲の筋肉や眼窩内の軟部組織が挟まり、複視が生じているとき、
②眼球が眼窩内に陥入しているとき、

骨の損傷が重度では、チタン製やシリコン素材などで作られた補正用プレートを眼窩内に入れ、眼球を支える土台を作ることもあります。
腸骨からの骨移植で、骨癒合を促進させることも実施されています。
その他に、上顎洞バルーン、分かりやすくは風船素材を鼻腔内に3～4週間挿入し、眼球を支えるオペも行われています。

鼻出血では、鼻をかむことを避ける指示がなされ、代わりに、スプレー式点鼻薬が使用されています。また、骨折がごく軽度では、オペを見送り、経過観察をすることもあります。

眼窩底破裂骨折における後遺障害のキモ？

1）交通事故外傷では、上手に修復されたとしても、複視を残すことが多いのです。
骨折部分や骨の欠片が、眼を動かす筋肉やその筋肉を支配している神経などを損傷させ、これらの筋肉などの損傷では、眼を上下左右に適切に動かせなくなり、モノが二重に見える複視が生じるのです。
複視には正面視での複視、左右上下の複視の2種類があります。

検査には、ヘスコオルジメーター＝ヘススクリーンを使用し、複像表のパターンで判断します。

ヘスコオルジメーター

複視の後遺障害の認定要件は、以下の3つとなります。
①本人が複視のあることを自覚していること、
②眼筋の麻痺など、複視を残す明らかな原因が認められること、
③ヘススクリーンテストにより患側の像が水平方向または垂直方向の目盛りで5°以上離れた位置にあることが確認されること、

正面視で複視を残すものとは、ヘススクリーンテストにより正面視で複視が中心の位置にあることが確認されたもので、正面視以外で複視を残すものとは、上記以外のものを言います。

複視は、眼球の運動障害によって生ずるものですが、複視を残すとともに眼球に著しい運動障害を残したときは、いずれか上位の等級で認定することになります。

正面視の複視は、両眼で見ると高度の頭痛やめまいが生じるので、日常生活や業務に著しい支障をきたすものとして10級2号の認定がなされます。

左右上下の複視は正面視の複視ほどの大きな支障は考えられないのですが、軽度の頭痛や眼精疲労が認められます。この場合は13級2号の認定がなされます。

●眼の障害

眼球の運動障害	
10級2号	正面視で複視を残すもの、
11級1号	両眼の眼球に著しい調節機能障害または運動障害を残すもの、
12級1号	1眼の眼球に著しい調節機能障害または運動障害を残すもの、
13級2号	正面以外を見た場合に複視の症状を残すもの、

2）下まぶたの線状痕が3cm、眼窩下神経領域の感覚障害により頬から上口唇のしびれを残し、よだれが垂れ流し状態となった被害者では、3DCTで骨折後の変形性骨癒合を立証し、医師による顔面知覚検査、よだれが垂れ流れているビデオ、顔面醜状の顔写真などを提出、顔面の醜状で併合11級を獲得したこともあります。

決してあきらめずに、積極的に立証すれば、報われることが多いものです。

20　視神経管骨折

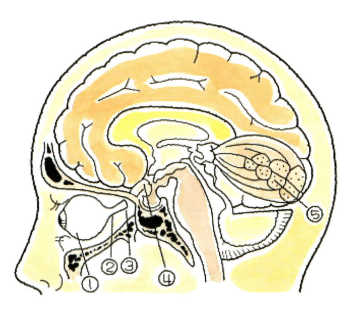

視神経の走行
①眼球　②視神経　③視神経管　④視交叉　⑤後頭葉視中枢

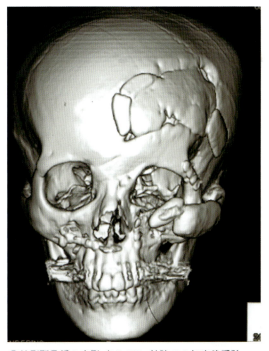

◎外側型骨折の症例（3D-CT：他院での加療後受診。整復は行われず、人工骨での形態改善が行われている。左眼は失明。）

視神経管骨折とは、眼と脳をつなぐ視神経を包み込んでいる視神経管に骨折が生じたもので、外傷の衝撃で、視神経の周囲の骨が骨折し、視神経の圧迫や切断が予想される傷病名です。
代表的には、眉毛の外側部を強打することで、視神経管の骨折が多発しています。

交通事故では、歩行者、自転車やバイクの運転者の転倒、墜落により発症しています。
以前は、車VS車の正面衝突で、運転者がフロントガラスに突っ込み、視神経を切断することもあったのですが、シートベルトの普及により、これは激減しています。

視神経管骨折では、視神経の損傷により、直後から、視力低下や視野狭窄、直接対光反射の減弱の症状

165

が出現し、目からの大量出血、激痛、目の腫脹が見られ、重度では、意識障害やショック状態を呈します。

ペンライトで瞳孔に光を入れる対光反射検査、細隙灯顕微鏡検査、眼底・視力・視野の検査、さらに視神経管撮影、頭部のCT、MRIなどの画像診断で骨折や出血を確認、診断します。

視神経周囲の骨が、視神経を切断しているときは、24時間以内にオペを実施しても、予後は不良で、高度の視力障害を残すか、失明となります。
視神経周囲の骨の断片が、神経を圧迫しているときは、オペにより、圧迫の骨片を除去します。

放置しておくと、視神経は萎縮し、こうなると失明は確定的です。

※視神経萎縮
直像鏡で眼底部をチェックすると、視神経は、血色が悪く、黄色味がなくなり、白く変化しています。これを視神経萎縮と言い、視神経の切断では、2、3週間の放置で視神経萎縮は完成します。

骨折がなく、視神経の周囲が出血したときは、視力は低下しますが、失明の危険はありません。

視神経管骨折における後遺障害のキモ？

視神経管骨折による視神経の切断では、受傷から24時間以内のオペであっても予後は不良で、高度な視力低下もしくは失明となります。

1）失明の立証について、視力低下の立証について
失明とは眼球を失ったもの、明暗を区別できないもの、ようやく明暗を区別できるもの、つまり矯正された視力で 0.01 未満を言います。

イラストは手動弁と指数弁を表示しています。
手動弁とは、被害者の眼前で手を上下左右に動かし、動きの方向を弁別できる能力を言います。
指数弁とは、被害者に指の数を答えさせ、距離によって視力を表します。
1m/指数弁＝視力 0.02、50cm/指数弁＝視力 0.01 に相当します。
暗室において被害者の眼前で照明を点滅、明暗を弁別させる光覚弁（明暗弁）がありますが、いずれも失明の検査となります。

1眼が失明し、または1眼の視力が 0.02 以下になったものは、8級1号が認定されています。

2）視力の低下について

眼の直接の外傷による視力障害は、前眼部・中間透光体・眼底部の検査で立証します。

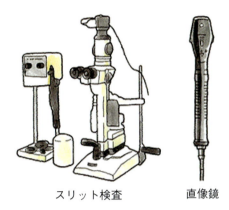
スリット検査　　直像鏡

前眼部と中間透光体の異常は、スリット検査で調べます。
眼底部の異常は、直像鏡で検査します。

視力検査はまず、オートレフで裸眼の正確な状態を検査します。
例えば、水晶体に外傷性の異常があれば、エラーで表示されるのです。
その後、万国式試視力検査で裸眼視力と矯正視力を計測します。

オートレフ

前眼部・中間透光体・眼底部に器質的損傷が認められるとき、つまり、眼の直接の外傷は、先の検査結果を添付すれば後遺障害診断は完了します。

これらで明らかな異常所見が認められないときは？
電気生理学的検査、ERG（electroretinogram）を受けなければなりません。

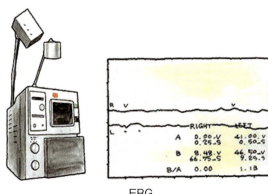
ERG

爺さん会調査事務所は、明らかに客観的な他覚所見が取れることを理由に、この検査結果を最も重要視

しています。なぜ？

実際に視力が悪いのに良く見せようとする嘘は、ミエミエなのですが、実際は良く見えているのに、見えませんとなると、これは、お手上げで、見破れないのです。

視力で後遺障害を獲得するとき、前者はなく、後者を詐盲と呼んでいますが、最近では、サムラゴウチしたと言えば正しく理解されるようです？

爺さん会調査事務所は、被害者のほとんどが詐盲を装う？

そんな妄想に取りつかれているのかもしれません。

ERGは網膜電位と訳すのですが、網膜に光刺激を与えたときに現れる網膜の活動電位をグラフにして記録したもので、当然に、ごまかしは、全くできません。

最後に、視覚誘発電位検査、VEP（visual evoked potentials）です。

これは眼球の外傷ではなく、視神経損傷が疑われるときの検査で、網膜から後頭葉に至る視覚伝達路の異常をチェックします。光刺激によって後頭葉の脳波を誘発し記録します。

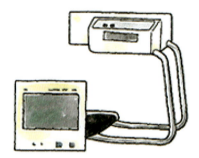

VEP

視力の低下による等級は、以下を参照してください。

	視力に関すること
1級1号	両眼が失明したもの、 視力の測定は万国式試視力表によることとされています。失明とは眼球を摘出したもの、明暗を判断できないもの、ようやく明暗を区別できる程度のものを説明しています。
2級1号	1眼が失明し、他眼の視力が 0.02 以下になったもの、 この場合の視力とは矯正視力のことを説明しています。 平成14年4月からコンタクトレンズによる矯正も認められるようになりました。
2級2号	両眼の視力が 0.02 以下になったもの、
3級1号	1眼が失明し、他眼の視力が 0.06 以下になったもの、
4級1号	両眼の視力が 0.06 以下になったもの、
5級1号	1眼が失明し、他眼の視力が 0.1 以下になったもの、
6級1号	両眼の視力が 0.1 以下になったもの、
7級1号	1眼が失明し、他眼の視力が 0.6 以下になったもの、
8級1号	1眼が失明し、または1眼の視力が 0.02 以下になったもの、
9級1号	両眼の視力が 0.6 以下になったもの、
9級2号	1眼の視力が 0.06 以下になったもの、
10級1号	1眼の視力が 0.1 以下になったもの、
13級1号	1眼の視力が 0.6 以下になったもの、

●眼の障害

21 硝子体出血(しょうしたいしゅっけつ)

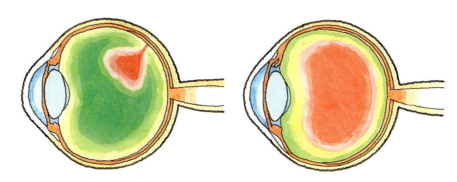

眼球をカメラにたとえると、角膜＝黒目側から、光が入り、レンズの役目を果たしている水晶体で光を屈折させ、フィルムの役目の網膜で光を感じ取っているのです。
硝子体は、レンズとフィルムの間にあって、眼球の中で最も広いスペースのゼリー状組織です。

硝子体に血管はなく、硝子体自体が出血することはありませんが、外傷による眼球内の出血が、硝子体に溜まった状況を硝子体出血と言います。
そして、出血自体は短期間で止まることがほとんどです。

無色透明で光を通過させる硝子体に出血が起これば、出血が光を遮り、見え方を低下させます。
出血が極少量であれば、飛蚊症として認識されたり、中程度であれば、視力低下や、血液の濃いところ薄いところが動いたりして、靄＝モヤが動いているように見えたりします。
出血が多いときには、真っ暗となり、高度な視力障害を引き起こします。

出血が止まっていれば、よほど濃い出血などを除き、自然に吸収されるのを待ちます。
出血が続いているときは、止血剤、血管強化薬を点眼、内服も併用します。
ステロイド剤を眼球内や眼球周囲に注射することもあります。

濃くて広い出血や、出血が止まらないとき、網膜剥離が疑われるときは、早急にオペが選択され、出血を除去、洗浄、出血の原因をレーザー光線で焼いて、止血を行います。

※飛蚊症(ひぶんしょう)
飛蚊症では、実際には存在していない、糸屑や蚊のようなものが、視界に飛んでいるように見えますが、眼のゴミと違うのは、視点を動かすと、同調して動き、瞬きをしても同じ位置にあることです。

飛蚊症は、眼の中の、硝子体の濁りが原因で、明るい場所や、空を見ると、現れやすい傾向です。
交通事故では、硝子体出血や外傷性網膜剥離により、飛蚊症が出現しています。

硝子体出血における後遺障害のキモ？

1）硝子体出血とは、網膜やぶどう膜の出血が、硝子体に流れ込んでいる状態です。
出血が軽度では、出血した血液は徐々に吸収され、眼底が十分に見えるようになると、視力は回復し、

後遺障害を残すことはありません。

2）大量出血のとき、また、出血が完全に吸収されたものの、膜状の混濁が硝子体に残ったときは、この膜を切除して視力の改善をさせるなどのオペが行われています。
網膜剥離を合併しないときは、後遺障害を残しません。

22　外傷性網膜剥離

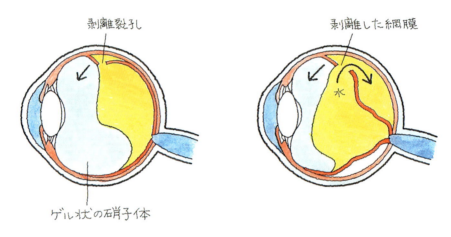

網膜は、モノを見るための重要な役割を担っています。
網膜は、眼の奥にある厚さ約 0.1 〜 0.4mm の薄い膜で、モノを見る重要な部分で、10 層に分かれており、内側の 9 層は神経網膜といい、外側の 1 層は網膜色素上皮と言います。

神経網膜には光を感じる細胞が並んでいます。
網膜の中で一番重要な部分は、中央にある黄斑部で、黄斑部には、視力や色の識別に関係している細胞があり、網膜はカメラでいうフィルムの役割を果たしています。

モノを見るとき、光は角膜を通って瞳孔から眼球内に入り、水晶体で屈折したあと、硝子体を通り、網膜に到達します。
このとき網膜で感じとられた光の刺激が視神経を通り、脳に伝えられ、見えると認識されます。
つまり網膜は、カメラにたとえると、フィルムのような役割を果たしているのです。

その網膜が剥がれることを、網膜剥離と言います
交通事故では、強い力が目に加わり、衝撃で網膜が剥離することがあります。

①網膜が引っ張られ、裂け目＝網膜裂孔ができる、
②裂け目から水、液化した硝子体が流入し、網膜が剥がれる、

網膜色素上皮と神経網膜の接着は弱く、交通事故外傷の衝撃で、神経網膜が網膜色素上皮から剥がれて、硝子体の中に浮き上がってしまうことがあります。
これが、網膜剥離で、裂孔原性網膜剥離と呼ばれる網膜に裂孔＝裂け目を伴うものが一般的です。
外傷性網膜剥離も、裂孔原性網膜剥離の 1 つです。

※裂孔原性網膜剥離

交通事故外傷とは、関係ありませんが、硝子体は、高齢になると、液化硝子体と呼ばれる水の部分ができて、眼球の動きとともに、硝子体が眼球内で揺れ動くようになります。
硝子体と網膜が癒着していると、眼球の動きで網膜が引っ張られ、裂孔ができてしまいます。
その裂孔から、液化硝子体が網膜下に入り込むと、網膜は剥がれるのですが、これを裂孔原性網膜剥離と言います。

症状は、以下の4つが代表的です。
①黒い点やゴミのようなものが見える飛蚊症、
②見ているモノの一部が見えない視野欠損、

正常　　　　　　　視野欠損

③眼の中で、ピカピカと光って見える光視症、
④見たいモノが、ハッキリ見えない視力低下、

点眼薬で瞳孔を開き、眼底の様子を調べる眼底検査が行われます。
硝子体出血などで眼底が見えないときには、超音波検査を行います。
視野検査で、見えない部分の位置を調べます。

外傷性網膜剥離では、オペが選択されています。
①網膜に裂け目ができたときは、裂け目の周囲をレーザー光で塞ぐ、光凝固術、
②液化した硝子体が裂け目に入り込み、網膜が剥がれたときは、元に戻す網膜復位術、
③網膜に裂け目ができ、硝子体に出血のときは、出血による濁った硝子体を除去する硝子体手術、
これらの3種類のオペが実施されています。

光凝固術では、入院の必要はなく通院で対応されます。
網膜復位術、硝子体手術では、10日間程度の入院が必要となります。
事務や管理職では、術後1カ月、運転手や重労働では、2カ月で就労復帰が可能です。
日常生活でも、術後1カ月は、重量物を持つことや、走行、車の運転は控えます。

※光視症

眼に光が当たっていないのに、キラキラ、チカチカとした光の点滅を感じたり、暗い部屋で突然稲妻のような光が見える症状を光視症と言います。
飛蚊症と同じく、外傷性網膜剥離を原因として発症しています。

※後部硝子体剥離
交通事故とは関係ありません。
子どもでは、硝子体が眼球の中に満杯で詰まっていて、網膜との間に、すきまがありません。
ところが、高齢になると、硝子体が液状に変化し、網膜から浮き上がってしまうことがあり、これを後部硝子体剥離と言います。
後部硝子体剥離の発症では、網膜と硝子体の間に癒着があると、硝子体が網膜を引っ張ります。
このとき、光が走るように見え、癒着が取れると、光が走らなくなります。
後部硝子体剥離自体は、正常な現象ですが、癒着が強いときは、硝子体が網膜を強く引っ張り、網膜剥離を起こすことがあります。

外傷性網膜剥離における後遺障害のキモ？

外傷性網膜剥離の予後は、オペを受けたときでも、芳しくありません。
特に、剥離が大きく、中心におよんでいるときは、オペが成功しても、高い確率で、視力の低下、視野欠損、飛蚊症や光視症、モノが歪んで見える変視症を残すことが予想されます。

1）視力が低下したとき
眼の直接の外傷による視力障害は、前眼部・中間透光体・眼底部の検査で立証します。

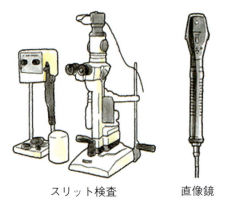

スリット検査　　　直像鏡

前眼部と中間透光体の異常は、スリット検査で調べます。
眼底部の異常は、直像鏡で検査します。

視力検査はまず、オートレフで裸眼の正確な状態を検査します。
例えば、水晶体に外傷性の異常があれば、エラーで表示されるのです。
その後、万国式試視力検査で裸眼視力と矯正視力を計測します。

オートレフ

前眼部・中間透光体・眼底部に器質的損傷が認められるとき、つまり、眼の直接の外傷は、先の検査結果を添付すれば後遺障害診断は完了します。

2）視野の欠損、変視を残すとき
眼で見た情報は、網膜から大脳の視中枢に伝達されるのですが、右目で捉えた実像と、左眼で捉えた実像、左右の視神経は、実は、途中で半交差しています。
これにより、左右の目で感知された情報を脳内で合体させ、モノを立体的に見ることができるのです。この視覚伝達路に損傷を受けると、視力や視野に異常が出現することになります。

受傷後、見ようとする部分が見えにくい、目前や周りが見えにくい自覚症状から、気付くことが多いのですが、視野とは、眼前の1点を見つめているときに、同時に見ることのできる外界の広さのことで、半盲症、視野狭窄、視野変状について後遺障害等級の認定が行われています。

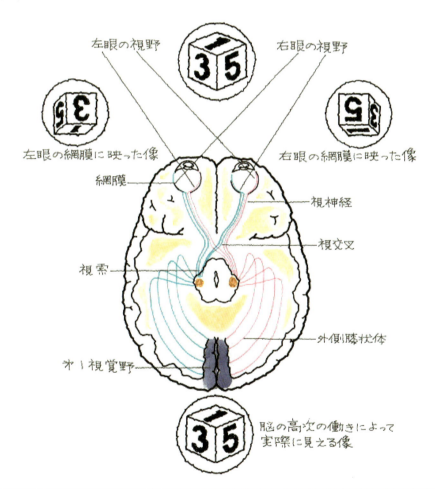

	上60	上外75	外95	外下80	下70	下内60	内60	内上60	計560
右眼									
左眼									

上図と表は、日本人の正常な視野の平均値を説明しています。
8方向の角度の正常値は合計で560°となります。
この合計値が60％以下、つまり336°以下となったときは、視野狭窄と認められます。

両眼に半盲症、視野狭窄または視野変状を残すものは、9級3号が認定されています。
1眼に半盲症、視野狭窄または視野変状を残すものは、13級3号が認定されています。

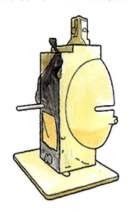

ゴールドマン視野計

いずれも、ゴールドマン視野計検査により、立証します。
そして、正常視野の60％以下になったものを視野狭窄と言います。

3）半盲症を残すとき
視覚伝達路が視神経交叉、またはその後方で損傷すると、注視点を境に、両眼の視野の左半分や右半分を欠損し、両眼視野の4分の1を欠損するものも半盲症と言います。

※同名半盲
①右側半盲　両眼の、それぞれ右側の視野が欠損します。
②左側半盲　両眼の、それぞれ左側の視野が欠損します。

※異名半盲
①耳側半盲　両眼の、それぞれ耳側、右眼は右、左眼は左が欠損します。
②鼻側半盲　両眼の、それぞれ鼻側、右眼は左、左眼は右が欠損します。

※水平半盲　視野の上半分、または下半分が欠損します。

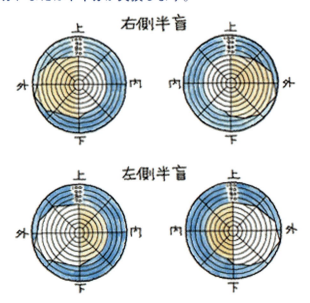

4）視野変状を残すもの

視野変状には、半盲症、視野の欠損、視野狭窄、および暗点が含まれていますが、半盲症と視野狭窄については、等級表に定められています。

ここでは、視野欠損と暗点について説明します。

視野欠損とは不規則な欠損を、暗点とは盲点以外の視野にできる島状の欠損を言います。
後遺障害の対象は盲点以外の絶対暗点となります。

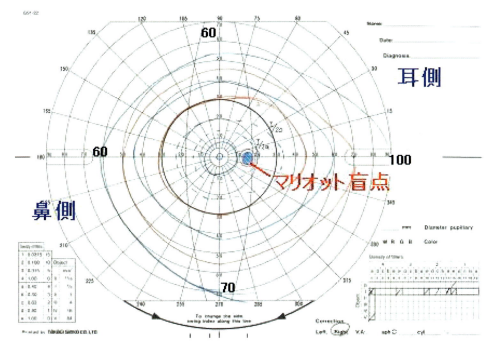

上図は、ゴールドマン視野計で測定された正常な右目の視野です。
耳側に100°鼻側に60°上側に50°下側に75°見えており、正常な視野が確保されています。
等高線は、イソプターと言い、視標ごとの感度の限界を示しており、光が小さく弱くなるほど、イソプターは小さくなり、小さいイソプター内にある中心が最も感度が高いところです。

暗点とは、視野の中で部分的に見えないスポットのことです。
中心より耳側15°にある青い丸は、暗点＝マリオット盲点で、誰にでもある、見えないスポットです。
目の奥、網膜にある視神経乳頭部分が、視野検査を行うとマリオット盲点として検出されます。
視神経乳頭は、網膜に写った像を脳に伝えるための視神経が束になって眼から脳へと向かう入り口であり、そこには、視細胞が存在していません。
マリオット盲点＝絶対暗点は、一番強い光も感知できない部分です。
日常生活では、左右の眼が補い合い、片目で見るときでも、脳が補正するので、マリオット盲点を感じることはありません。
暗点は、全く見えない絶対暗点と、不鮮明に見える比較暗点に分けられますが、比較暗点は、後遺障害の認定対象ではありません。

管状視野、螺旋状視野等の機能的視野障害は、医学的に証明できないこと、回復困難な障害ではないところから、後遺障害として評価されません。

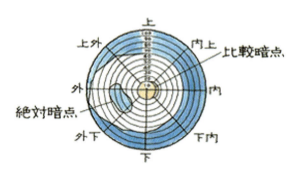

ここで言う暗点とは、絶対暗点＝マリオット盲点以外で、外傷により欠損を生じたものです。

視野の中心に現れる暗点を中心暗点、盲点と中心暗点が連結したものを盲点中心暗点、注視点の付近にある暗点を副中心暗点と言い、円形や類円の形をしています。

中心部と周辺部の視野が残っていて、その中間に輪状の視野欠損がみられるものを輪状暗点と言い、いずれも、網膜の出血、脈絡網膜炎、中心性漿液性脈絡網膜症などで出現するものです。

フリッカー検査

ゴールドマン視野計の他に、フリッカー検査があります。

フリッカー検査は、視神経障害の診断に有効な力を発揮します。

フリッカー検査の正常値は 40 ～ 50c/s です。

検査値が 26 ～ 34c/s であれば、再検査が必要となります。

前後 3 回の検査を受け、数値の最も低いものを記載します。

25c/s 以下であれば著しい低下となり視野狭窄で後遺障害の認定対象となります。

23　網膜振盪症

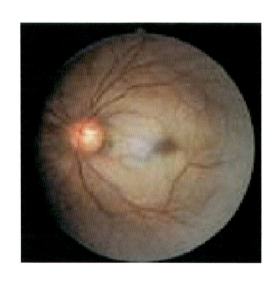

交通事故では、自転車やバイクの運転者の眼球打撲で発症しています。

打撲の衝撃が眼底に加わることで、網膜の黄斑部に浮腫を起こした状態です。
皮膚にモノが当たると、内出血はしないものの、腫れることがあります。
そのことが、眼底の一部に起こったと想像してください。
眼の奥を見ると、黄斑部が乳白色に混濁し、小出血を伴っていることもあります。
平均的には、2、3週間で治癒し、後遺障害を残すことはありません。

視力は、ダブって見える、ぼやけることもありますが、安静加療で、2、3日で元通りとなります。
外傷の程度が強いときは、次に説明する黄斑円孔、脈絡膜出血などが予想されます。

交通事故による眼球の打撲では、後に緑内障の原因となる外傷性の虹彩離断、外傷性白内障、水晶体亜脱臼、硝子体出血、網膜剥離などを合併することがあります。

眼球の打撲では、眼科の受診など、神経質な対応が求められます。

24　外傷性黄斑円孔
（がいしょうせいおうはんえんこう）

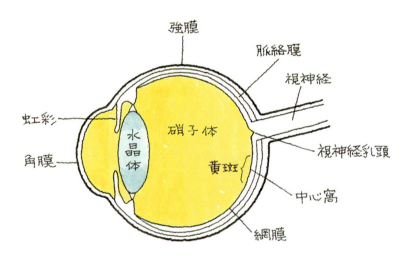

最近、iPS細胞による治療で話題となっているものに、加齢黄斑変性があります。
加齢黄斑変性とは、年齢を重ねることで網膜色素上皮下に老廃物が溜まり、その結果、黄斑部が障害されて、徐々に失明する病気で、現時点では、有効な治療法が確立されていません。

私たちの眼は、注目したところはよく見えるのですが、それ以外の周りの部分はぼんやりとしか見えない構造となっています。
カメラのフィルムに相当する網膜ですが、その中心部分を黄斑と呼び、視力をつかさどる最も重要な神経細胞が集合しています。
黄斑部では、モノの形、大きさ、色、立体性、距離などの光の情報の大半を識別しています。

さて、外傷性黄斑円孔とは、網膜の中心である黄斑部に穴が開いてしまう外傷です。
交通事故では、自転車やバイクの運転者の眼球打撲で発症しています。

黄斑部に完全な穴が形成されると、視力は矯正しても0.1前後に低下し、視野の中心が見えにくくなります。
自然に治癒することもありますが、放置しても、加齢黄斑変性のように失明に至ることはありません。

3次元眼底像撮影、OCT検査により、確定診断がなされます。

交通事故では、黄斑円孔が大きいことが多く、ほとんどで硝子体手術が適用されています。
発症から6カ月以内であれば、初回のオペで90%以上の確率で円孔は閉じ、視力の回復が期待できると報告されています。
初回のオペで円孔が閉鎖できないときは、再オペとなり、長期間、眼内に滞留するガスを入れることになり、予後は不良となります。

外傷性黄斑円孔における後遺障害のキモ？

1）外傷の程度、黄斑円孔の大きさ、発症後の経過期間が治療成績に影響を与えます。
黄斑円孔発症後の経過期間が短いほど、また円孔の大きさが小さいほど閉鎖率も高く、視力の予後も良いとされています。

2）外傷による損傷、黄斑円孔が大きいときは、初回のオペで円孔を閉鎖できないことがあり、再オペとなりますが、視力低下などの後遺障害を残すことが予想されます。

3）外傷による損傷、黄斑円孔が大きいときは、将来に白内障を発症する可能性を残します。
「将来、白内障を発症したる際は、甲乙間で別途協議を行うものとする。」
示談書には、この文言を挿入しておかなければなりません。

4）視力が低下したとき
眼の直接の外傷による視力障害は、前眼部・中間透光体・眼底部の検査で立証します。

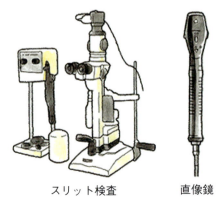

スリット検査　　　　直像鏡

前眼部と中間透光体の異常は、スリット検査で調べます。
眼底部の異常は、直像鏡で検査します。

視力検査はまず、オートレフで裸眼の正確な状態を検査します。
例えば、水晶体に外傷性の異常があれば、エラーで表示されるのです。
その後、万国式試視力検査で裸眼視力と矯正視力を計測します。

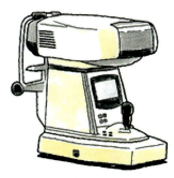
オートレフ

前眼部・中間透光体・眼底部に器質的損傷が認められるとき、つまり、眼の直接の外傷は、先の検査結果を添付すれば後遺障害診断は完了します。

25　眼底出血　網膜出血・脈絡膜出血

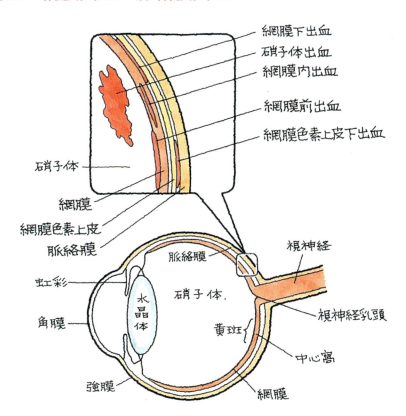

交通事故の衝撃をまぶたに受けて、網膜や脈絡膜に出血を起こすことを言います。
特に、黄斑部に出血を起こすことが多いのですが、黄斑部は、モノを見る最も大切な部位であり、出血すると、出血が吸収されたとしても、黄斑部の視細胞が損傷され、中心部だけが見えない中心JL暗点

と視力低下を残すことがあります。
治療は、安静と止血剤や消炎酵素剤を投与しますが、視力改善は困難で、オペもできません。

黄斑部以外の出血では、程度が軽ければ、後遺症を残すことなく治癒しています。
治療は、止血剤や血管強化剤などの投与や、レーザー光での凝固術が行われています。
レーザー光凝固術は、出血部の網膜を焼き固めて、網膜の血流をスムーズにし、出血の吸収と再出血を防止させるために有効なオペですが、改善が得られないときは、硝子体切除術を行い、出血で濁った硝子体を取り除いて、視力回復を試みます。
硝子体は眼球の丸みを保つために必要な組織であり、切除では、代わりにシリコンオイルやガスが注入されています。

後遺障害は、視力低下がポイントとなります。

26　眼球破裂

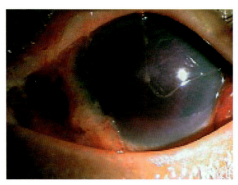

健側の目に比較して、少し目が柔らかい＝眼圧が低い。
目玉がパンクして、中身が漏れ出た分、眼圧が低くなっている。

眼球破裂とは、交通事故で、強い外力が眼球に加わり、角膜や強膜が破裂し、中の硝子体やぶどう膜が、傷口から脱出している状態です。

受傷直後から、視力の低下、目の充血、浮腫、眼痛などの症状が出現します。
片目の眼球破裂では、健側の眼球にも同様の症状が現れることがあります。

異物の混入、ばい菌による感染など、眼球に付着する異物を早急に除去しなければ失明する可能性もあり非常に危険な状態です。
適切な治療が行われても、ほとんどで、視力の低下を残します。

細隙灯顕微鏡検査、超音波検査、CT検査などで眼球破裂の部位、異物混入の有無、合併症の有無がチェックされ、オペに入ります。

眼球破裂は、眼科で扱う外傷のうち、最も重篤なもので、穿孔創が小さいときは、治療用コンタクトレンズを使用します。穿孔創が大きいときは、抗生物質の点滴などを行いつつ、局所麻酔、全身麻酔下で強膜、角膜の縫合術を行います。

穿孔創から、ぶどう膜、水晶体、硝子体などの眼内組織が脱出し、眼内炎や眼内の諸器官の障害が強いときは、失明することも多くなります。
できるだけ早く、傷口を閉じて感染予防に注意し、同時に外傷性白内障、硝子体出血、網膜剥離を合併するときには、それぞれに対するオペも加えて行わなければなりません。
時期を逃すと、視力の回復は望めなくなってしまいます。

眼球破裂における後遺障害のキモ？

1) 私の経験則では、ほとんどで眼球摘出、1眼の失明となっています。
1眼が失明し、または1眼の視力が0.02以下になったものでは、8級1号が認定されます。

2) 交通事故による眼球破裂では、後遺障害が目、視力の低下だけではなく、頭部外傷後の高次脳機能障害、目周辺の顔面の醜状痕を合併することが大半です。
つまり、立証は、より高度なものであり、丹念に行わなければなりません。

27　続発性緑内障

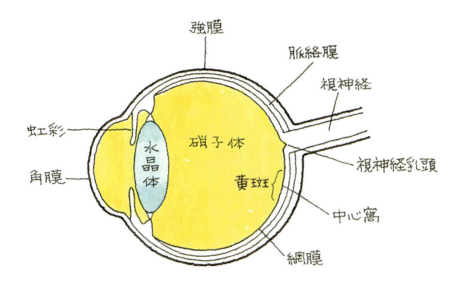

緑内障は、眼圧が高くなることで、視神経の入り口部、つなぎ目の視神経乳頭陥没が潰される、圧力で視神経が萎縮することで、視野欠損を生じ、重症例では、失明する可能性のある目の病気です。
視神経の病気ですから、本来は、事故との因果関係は認められません。
ところが、交通事故の外傷をきっかけとして緑内障を発症することがあり、これは、続発性緑内障と呼ばれています。

※眼圧
眼圧とは、眼球の張りのことです。
眼球が丸い形なのは、眼球中の房水によって眼球の張りが保たれているからです。
房水の量が増えすぎてパンパンに張ってしまうと、眼圧が高い状態と呼びます。
眼圧の正常値は10～21mmHgで、21mmHgを超えると高眼圧と診断されます。

高眼圧になると、圧迫を受けた視神経の一部がつぶれる、萎縮し、死んでしまいます。
死んでしまった視神経が元に戻ることはありません。
それまで視神経がキャッチしていた情報が脳に伝達できなくなり、視野の欠損や狭窄を発症します。

続発性緑内障は、開放隅角型と閉塞隅角型の２つに分けることができます。
開放隅角型の続発性緑内障としては、交通事故による白内障やぶどう膜炎に伴うものがあります。
白内障やぶどう膜炎では、炎症を起こし、眼圧が上がります。
外傷性緑内障は、眼球を強く打ったあと、しばらく経過してから、虹彩のつけ根が眼球壁から外れ、線維柱帯の機能が悪くなって眼圧が上がります。

閉塞隅角型の続発性緑内障としては、水晶体が眼球の内部で外れる水晶体の亜脱臼、ぶどう膜炎の炎症により隅角が閉塞したときがあります。
いずれも、外傷により、虹彩が押し上げられ、隅角が閉塞することにより、眼圧が上昇します。

眼圧が上昇することで、目は強く充血します。
神経眼科を受診、視力・視野検査、眼圧検査、眼底検査などを受け、充血や炎症を確認します。
眼圧を下げるための薬物療法、レーザー治療、オペが選択されています。
ぶどう膜炎では、ステロイド治療による消炎、網膜へのレーザー治療やオペ、水晶体が原因では、白内障オペなどが必要となります。
高眼圧が継続するときは、降圧のために緑内障のオペが実施されています。

続発性緑内障における後遺障害のキモ？

１）外傷性虹彩炎、虹彩離断、水晶体の亜脱臼や脱臼、外傷性白内障、硝子体出血、外傷性網膜剥離では、続発性緑内障を発症する可能性があり、神経質に対応しなければなりません。

２）本件の傷病名は、視神経の損傷を原因としています。
視力検査では、
眼の直接の外傷による視力障害は、前眼部・中間透光体・眼底部の検査で立証します。

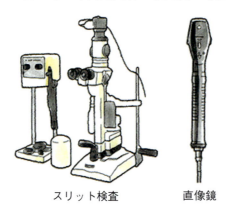

スリット検査　　　直像鏡

前眼部と中間透光体の異常は、スリット検査で調べます。
眼底部の異常は、直像鏡で検査します。

視力検査はまず、オートレフで裸眼の正確な状態を検査します。
例えば、水晶体に外傷性の異常があれば、エラーで表示されるのです。
その後、万国式試視力検査で裸眼視力と矯正視力を計測します。

オートレフ

前眼部・中間透光体・眼底部に器質的損傷が認められるとき、つまり、眼の直接の外傷は、先の検査結果を添付すれば後遺障害診断は完了します。

これらで明らかな異常所見が認められないときは？
電気生理学的検査、ERG（electroretinogram）を受けなければなりません。

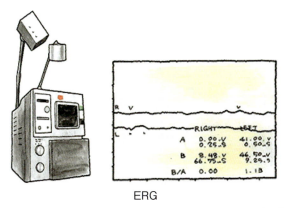
ERG

ERGは網膜電位と訳すのですが、網膜に光刺激を与えたときに現れる網膜の活動電位をグラフにして記録したもので、当然に、ごまかしは、全くできません。

最後に、視覚誘発電位検査、VEP（visual evoked potentials）です。
これは眼球の外傷ではなく、視神経損傷が疑われるときの検査で、網膜から後頭葉に至る視覚伝達路の異常をチェックします。光刺激によって後頭葉の脳波を誘発し記録します。

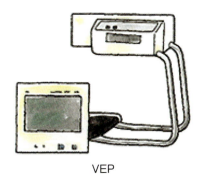
VEP

視力に関すること	
1級1号	両眼が失明したもの、 視力の測定は万国式試視力表によることとされています。失明とは眼球を摘出したもの、明暗を判断できないもの、ようやく明暗を区別できる程度のものを説明しています。
2級1号	1眼が失明し、他眼の視力が0.02以下になったもの、 この場合の視力とは矯正視力のことを説明しています。 平成14年4月からコンタクトレンズによる矯正も認められるようになりました。
2級2号	両眼の視力が0.02以下になったもの、
3級1号	1眼が失明し、他眼の視力が0.06以下になったもの、
4級1号	両眼の視力が0.06以下になったもの、
5級1号	1眼が失明し、他眼の視力が0.1以下になったもの、
6級1号	両眼の視力が0.1以下になったもの、
7級1号	1眼が失明し、他眼の視力が0.6以下になったもの、
8級1号	1眼が失明し、または1眼の視力が0.02以下になったもの、
9級1号	両眼の視力が0.6以下になったもの、
9級2号	1眼の視力が0.06以下になったもの、
10級1号	1眼の視力が0.1以下になったもの、
13級1号	1眼の視力が0.6以下になったもの、

視野欠損、狭窄は、ゴールドマン視野計検査で立証します。

ゴールドマン視野計

視野に関すること	
9級3号	両眼に半盲症、視野狭窄または視野変状を残すもの、 ゴールドマン視野計で、正常視野の60％以下になったものを視野狭窄と説明します。
13級3号	1眼に半盲症、視野狭窄または視野変状を残すもの、

3）多くの眼科医は、交通事故外傷の対応に不慣れです。
保険屋さんとの対応も、多くでは、初めての経験です。

それでも眼球破裂であれば、交通事故との因果関係が議論されることはありませんが、遅発性の続発性緑内障となると、以下の2つのいずれかを立証していただく必要があります。

①外傷で、虹彩のつけ根が眼球壁から外れ、線維柱帯の機能が悪くなって眼圧が上昇していること、
②外傷で、虹彩が押し上げられ、隅角が閉塞することにより、眼圧が上昇していること、

この場合、交通事故との因果関係の立証を声高にお願いしては、眼科医から嫌われます。
続発性緑内障は、眼圧の上昇を原因として発症しており、眼圧の上昇が、上記の2つのいずれに該当するのかを、画像の提供を含めて、丁寧な立証をお願いすることになります。
この点、気をつけてください。

総もくじ

交通事故後遺障害の等級獲得のために 〈別巻〉
後遺障害とはなにか？
1 後遺症と後遺障害？
2 いつ、申請できるの？
3 どこが、等級を認定するの？
4 申請は、保険屋さんにお任せする事前認定か、それとも被害者請求か？
5 後遺障害診断書には、なにを書いてもらえばいいの？
6 問題点　医師は後遺障害を知らない？
7 問題点　後遺障害診断書は、一人歩きする？
8 問題点　後遺障害を損害賠償で捉えると？
9 交通事故110番からのご提案
10 弁護士の選び方、法律事務所なら、どこでもいいのか、Boo弁？

等級認定の3原則
1 後遺障害等級認定における準則とは？
2 後遺障害等級認定における序列とは？
3 後遺障害等級認定における併合とは？
4 後遺障害等級における相当とは？
5 後遺障害等級における加重とは？
6 後遺障害等級表

関節の機能障害の評価方法および関節可動域の測定要領
1 関節可動域の測定要領
2 各論　部位別機能障害

精神・神経系統の障害 〈Ⅰ巻〉
1 背骨の仕組み
2 外傷性頚部症候群
3 外傷性頚部症候群の神経症状について
4 バレ・リュー症候群と耳鳴り、その他の障害について？
5 腰部捻挫・外傷性腰部症候群？
6 外傷性腰部症候群の神経症状？
7 腰椎横突起骨折
8 上腕神経叢麻痺
9 中心性頚髄損傷
10 環軸椎脱臼・亜脱臼
11 上位頚髄損傷　C1/2/3
12 横隔膜ペーシング
13 脊髄損傷
14 脊髄不全損傷＝非骨傷性頚髄損傷
15 脊髄の前角障害、前根障害
16 脊髄の後角障害、後根障害
17 バーナー症候群
18 脊髄空洞症
19 頚椎症性脊髄症？
20 後縦靱帯骨化症　OPLL
21 腰部脊柱管狭窄症？
22 椎骨脳底動脈血行不全症
23 腰椎分離・すべり症
24 胸郭出口症候群
25 頚肩腕症候群　肩凝り・ムチウチ
26 複合性局所疼痛症候群　CRPS
27 低髄液圧症候群＝脳脊髄液減少症＝CSFH
28 軽度脳外傷　MTBI
29 梨状筋症候群
30 線維筋痛症
31 仙腸関節機能不全　AKA
32 過換気症候群

頭部外傷・高次脳機能障害 〈Ⅰ巻〉
1 頭部外傷　頭部の構造と仕組み
2 頭部外傷　高次脳機能障害認定の3要件
3 頭部外傷　左下顎骨骨折、左頬骨骨折、左側頭葉脳挫傷
4 頭部外傷　左側頭骨骨折・脳挫傷
5 頭部外傷　急性硬膜外血腫
6 頭部外傷　前頭骨陥没骨折、外傷性てんかん
7 頭部外傷　びまん性軸索損傷　diffuse axonal injury：DAI
8 頭部外傷　脳挫傷＋対角線上脳挫傷＝対側損傷
9 頭部外傷　外傷性くも膜下出血
10 頭部外傷　外傷性脳室出血
11 頭部外傷　急性硬膜下血腫
12 頭部外傷　慢性硬膜下血腫
13 頭部外傷　脳挫傷＋頭蓋底骨折＋急性硬膜下血腫＋外傷性くも膜下出血＋びまん性軸索損傷
14 高次脳機能障害チェックリスト

眼の障害 〈Ⅰ巻〉
1 眼の仕組みと後遺障害について
2 眼瞼＝まぶたの外傷
3 外傷性眼瞼下垂
4 動眼神経麻痺
5 ホルネル症候群
6 外転神経麻痺
7 滑車神経麻痺
8 球結膜下出血
9 角膜上皮剥離
10 角膜穿孔外傷
11 前房出血
12 外傷性散瞳
13 涙小管断裂
14 外傷性虹彩炎
15 虹彩離断
16 水晶体亜脱臼
17 水晶体脱臼、無水晶体眼
18 外傷性白内障
19 眼窩底破裂骨折
20 視神経管骨折
21 硝子体出血
22 外傷性網膜剥離
23 網膜振盪症
24 外傷性黄斑円孔
25 眼底出血　網膜出血・脈絡膜出血
26 眼球破裂
27 続発性緑内障

耳・鼻・口・醜状障害 〈Ⅱ巻〉
耳の障害
1 耳の構造
2 外耳の外傷・耳介血腫
3 耳介裂創
4 耳垂裂
5 耳鳴り
6 外傷性鼓膜穿孔
7 流行性耳下腺炎
8 側頭骨骨折
9 頭蓋底骨折
10 騒音性難聴
11 音響性外傷

鼻の障害
1 鼻の構造と仕組み
2 鼻骨骨折
3 鼻篩骨骨折
4 鼻軟骨損傷
5 鼻欠損
6 嗅覚脱失

口の障害
1 口の構造と仕組み
2 顔面骨折・9つの分類
3 頬骨骨折・頬骨体部骨折
4 頬骨弓骨折
5 眼窩底骨折
6 上顎骨骨折
7 下顎骨骨折
8 味覚脱失
9 嚥下障害
10 言語の機能障害　反回神経麻痺
11 特殊例・気管カニューレ抜去困難症

醜状の障害
1 醜状障害

上肢の障害　〈Ⅱ巻〉

肩・上腕の障害
1 上腕神経叢麻痺
2 肩関節の仕組み
3 鎖骨骨折
4 肩鎖関節脱臼
5 胸鎖関節脱臼
6 肩腱板断裂
7 腱板疎部損傷
8 肩甲骨骨折
9 SLAP損傷＝上方肩関節唇損傷
10 肩関節脱臼
11 反復性肩関節脱臼
12 肩関節周囲炎
13 変形性肩関節症
14 上腕骨近位端骨折
15 上腕骨骨幹部骨折
16 上腕骨遠位端骨折
　（1）上腕骨顆上骨折　（2）上腕骨外顆骨折
17 フォルクマン拘縮

肘・前腕の障害
18 テニス肘　上腕骨外側上顆炎、上腕骨内側上顆炎
19 肘関節と手関節、橈骨と尺骨の仕組み
20 肘関節脱臼
21 肘頭骨折
22 尺骨鉤状突起骨折
23 変形性肘関節症
24 右肘内側側副靱帯損傷？
25 橈・尺骨骨幹部骨折
26 橈骨頭・頚部骨折
27 モンテジア骨折
28 ガレアッチ骨折
29 橈骨遠位端骨折、コーレス骨折、スミス骨折
30 バートン骨折
31 ショーファー骨折＝橈骨茎状突起骨折
32 尺骨茎状突起骨折

神経麻痺の障害
33 肘部管症候群
34 正中神経麻痺
35 前骨間神経麻痺
36 手根管症候群
37 橈骨神経麻痺
38 後骨間神経麻痺
39 尺骨神経麻痺
40 ギヨン管症候群
41 ズディック骨萎縮　Sudeck骨萎縮

手・手根骨・手指の障害
42 手の仕組み
43 右手首の腱鞘炎と前腕部の炎症
　（1）ド・ケルバン病　（2）ばね指
44 手根骨の骨折　有鈎骨骨折
45 手根骨の骨折　有頭骨骨折
46 手根骨の骨折　舟状骨骨折
47 手根骨の骨折　月状骨脱臼
48 手根骨の骨折　舟状・月状骨間解離
49 手根骨の骨折　三角・月状骨間解離
50 キーンベック病＝月状骨軟化症
51 手根骨の骨折　手根不安定症
52 手根骨骨折のまとめ
53 手根骨の骨折　TFCC損傷
54 手指の各関節の側副靱帯損傷
　親指MP関節尺側側副靱帯の損傷＝スキーヤーズサム
55 手指伸筋腱損傷
56 手指の伸筋腱脱臼
57 手指の屈筋腱損傷
58 手指の脱臼と骨折　中手骨頚部骨折
59 手指の脱臼と骨折　中手骨基底部骨折
60 手指の脱臼と骨折　中手骨骨幹部骨折
61 手指の脱臼と骨折　ボクサー骨折
62 手指の脱臼と骨折　PIP関節脱臼骨折
63 手指の脱臼と骨折　マレットフィンガー＝槌指
64 手指の脱臼と骨折　親指CM関節脱臼
65 クロスフィンガー
66 突き指のいろいろ
67 手指の靱帯・腱損傷および骨折における後遺障害のキモ
68 参考までに、手指の欠損について

下肢の障害　〈Ⅲ巻〉

骨盤骨の障害
1 骨盤骨　骨盤の仕組み
2 骨盤骨折・軽症例
　（1）腸骨翼骨折　（2）恥骨骨折・坐骨骨折　（3）尾骨骨折
3 骨盤骨折・重症例
　（1）ストラドル骨折、マルゲーニュ骨折
　（2）恥骨結合離開・仙腸関節脱臼
4 骨盤骨折に伴う出血性ショック　内腸骨動脈損傷

股関節の障害
5 股関節の仕組み
6 股関節後方脱臼・骨折
7 股関節中心性脱臼
8 外傷性骨化性筋炎
9 変形性股関節症
10 ステム周囲骨折
11 股関節唇損傷
12 腸腰筋の出血、腸腰筋挫傷

大腿骨の障害
13 大腿骨頚部骨折
14 大腿骨転子部・転子下骨折
15 大腿骨骨幹部骨折
16 大腿骨顆部骨折
17 梨状筋症候群

膝・下腿骨の障害
18 膝関節の仕組み
19 膝関節内骨折　脛骨顆部骨折
　脛骨近位端骨折、脛骨高原骨折、プラトー骨折
20 脛骨と腓骨の働き、腓骨って役目を果たしているの？
21 脛骨顆間隆起骨折
22 膝蓋骨骨折？
23 膝蓋骨脱臼
24 膝蓋骨骨軟骨骨折・スリーブ骨折
25 膝離断性骨軟骨炎
26 膝蓋前滑液包炎
27 膝窩動脈損傷？
28 腓骨骨折
29 脛・腓骨骨幹部開放性骨折
30 下腿のコンパートメント症候群
31 変形性膝関節症？
32 腓腹筋断裂　肉離れ
33 肉離れ、筋違いと捻挫、腸腰筋の出血、腸腰筋挫傷

34 半月板損傷

靭帯損傷の障害
35 ACL前十字靭帯損傷
36 PCL後十字靭帯損傷
37 MCL内側側副靭帯損傷
38 LCL外側側副靭帯損傷
39 PLS膝関節後外側支持機構の損傷
40 複合靭帯損傷

神経麻痺の障害
41 座骨・腓骨・脛骨神経麻痺って、なに？
42 坐骨神経麻痺
43 脛骨神経麻痺
44 腓骨神経麻痺
45 深腓骨神経麻痺＝前足根管症候群
46 浅腓骨神経麻痺
47 仙髄神経麻痺

足の障害
48 足の構造と仕組み
49 右腓骨遠位端線損傷
50 右足関節果部骨折
51 足関節果部脱臼骨折、コットン骨折
52 アキレス腱断裂
53 アキレス腱滑液包炎
54 足関節不安定症
55 足関節に伴う靭帯損傷のまとめ
56 足関節離断性骨軟骨炎
57 右腓骨筋腱周囲炎
58 変形性足関節症
59 足の構造と仕組み
60 足根骨の骨折　外傷性内反足
61 足根骨の骨折　距骨骨折
62 足根骨の骨折　右踵骨不顕性骨折
63 足根骨の骨折　踵骨骨折
64 足根骨の骨折　距骨骨軟骨損傷
65 足根骨の骨折　足根管症候群
66 足根骨の骨折　足底腱膜断裂
67 足根骨の骨折　足底腱膜炎
68 モートン病、MORTON病
69 足根洞症候群
70 足根骨の骨折　ショパール関節脱臼骨折
71 足根骨の骨折　リスフラン関節脱臼骨折
72 足根骨の骨折　リスフラン靭帯損傷
73 足根骨の骨折　第1楔状骨骨折
74 足根骨の骨折　舟状骨骨折
75 足根骨の骨折　有痛性外脛骨
76 足根骨の骨折　舟状骨裂離骨折
77 足根骨の骨折　立方骨圧迫骨折＝くるみ割り骨折
78 足根骨の骨折　二分靭帯損傷
79 足根骨の骨折　踵骨前方突起骨折

足趾の障害
80 足趾の骨折　基節骨骨折
81 足趾の骨折　中足骨骨折
82 足趾の骨折　第5中足骨基底部骨折＝下駄骨折
83 足趾の骨折　ジョーンズ骨折、Jones骨折＝第5中足骨幹端部骨折
84 足趾の骨折　種子骨骨折
85 下腿骨の切断、足趾の切断

脊柱・その他の体幹骨の障害　〈Ⅳ巻〉

脊柱の骨折
1 骨折の分類
2 脊柱の圧迫骨折
3 脊柱の圧迫骨折　プロレベル1
4 脊柱の圧迫骨折　プロレベル2
5 脊柱の破裂骨折

その他の体幹骨の骨折
6 肋骨骨折
7 肋骨多発骨折の重症例　外傷性血胸
8 肋骨多発骨折の重症例　フレイルチェスト、Flail Chest、動揺胸郭
9 鎖骨骨折
10 肩鎖関節脱臼
11 胸鎖関節脱臼
12 肩甲骨骨折
13 骨盤骨　骨盤の仕組み
14 骨盤骨折・軽症例
15 骨盤骨折・重症例

胸腹部臓器の障害　〈Ⅳ巻〉

胸部の障害
1 胸腹部臓器の外傷と後遺障害について
2 呼吸器の仕組み
3 肺挫傷
4 皮下気腫、縦隔気腫
5 気管・気管支断裂
6 食道の仕組み
7 外傷性食道破裂
8 咽頭外傷
9 横隔膜の仕組み
10 外傷性横隔膜破裂・ヘルニア
11 心臓の仕組み
12 心膜損傷、心膜炎
13 冠動脈の裂傷
14 心挫傷、心筋挫傷
15 心臓・弁の仕組み
16 心臓・弁の損傷
17 大動脈について
18 外傷性大動脈解離
19 心肺停止
20 過換気症候群
21 肺血栓塞栓
22 肺脂肪塞栓
23 外傷性胸部圧迫症

腹部の障害
24 腹部臓器の外傷
25 実質臓器・肝損傷
26 実質臓器・胆嚢損傷
27 胆嚢破裂
28 管腔臓器・肝外胆管損傷
29 実質臓器・膵臓損傷
30 実質臓器・脾臓
31 管腔臓器・胃
32 外傷性胃破裂
33 管腔臓器・小腸
34 管腔臓器・小腸穿孔
35 管腔臓器・大腸
36 大腸穿孔・破裂
37 腹壁瘢痕ヘルニア
38 腹膜・腸間膜の外傷
39 実質臓器・腎臓
40 腎挫傷、腎裂傷、腎破裂、腎茎断裂
41 尿管・膀胱・尿道
42 尿管外傷
43 膀胱の外傷
44 尿道外傷
45 外傷性尿道狭窄症
46 神経因性膀胱
47 尿崩症
48 脊髄損傷
49 実質臓器・副腎の損傷
50 急性副腎皮質不全
51 男性生殖器
52 女性生殖器

実際に等級を獲得した後遺障害診断書の分類

精神・神経系統の障害
1　頚部捻挫 14 級ドラフト
2　頚部捻挫 12 級ドラフト
3　腰部捻挫 14 級ドラフト
4　腰部捻挫 12 級ドラフト
5　頚椎捻挫、嗅覚障害、耳鳴り
6　中心性頚髄損傷
7　軸椎骨折
8　頚髄損傷、C5/6 頚椎亜脱臼、椎骨動脈損傷、左前額部挫創、脳梗塞

頭部外傷・高次脳機能障害
9　右前頭葉脳挫傷、外傷性くも膜下出血、高次脳機能障害

耳・鼻・口・醜状障害
10　右頬骨骨折、頚椎捻挫
11　頬骨弓骨折、顔面擦過創、外傷後色素沈着、左大腿骨骨幹部骨折、恥・坐骨骨折

上肢の障害
12　左鎖骨骨幹部骨折、左脛骨高原骨折
13　右鎖骨・肩甲骨骨折、右肋骨多発骨折、右橈・尺骨骨折、血気胸
14　左橈骨遠位端骨折
15　右尺骨茎状突起骨折、右橈骨遠位端粉砕骨折、左親指中手骨骨折

下肢の障害
16　右寛骨臼骨折
17　右寛骨臼骨折、右寛骨異所性骨化、鼻部打撲・創傷
18　右大腿骨骨幹部骨折、大腿骨の短縮障害
19　右大腿骨骨折、右膝蓋骨骨折、右後十字靭帯損傷
20　左膝内側側副靭帯損傷、外傷性頚部症候群
21　右腓骨神経麻痺、右下腿コンパートメント症候群
22　右脛・腓骨近位端部開放骨折、術後 MRSA 感染
23　右足関節コットン骨折
24　右脛腓骨骨折、右足関節脱臼骨折、右第 2・4 趾中足骨骨折、右足根骨骨折
25　右踵骨開放骨折
26　左下腿切断、両足デグロービング損傷、右中足骨骨折、右下腿皮膚欠損・創、右肘頭骨折

脊柱・その他の体幹骨の障害
　27　L1 圧迫骨折
　28　第5腰椎破裂骨折、馬尾神経損傷、左脛・腓骨骨折、右リスフラン関節脱臼骨折

胸腹部臓器の障害
　29　仙骨骨折、恥骨骨折、骨盤骨折、左前額部醜状瘢痕、右膝肥厚性瘢痕と外傷性刺青、左膝瘢痕
　30　左精巣損傷、右肩腱板断裂

〈交通事故相談サイト jiko110.com のご案内〉

交通事故110番は、被害者の1日も早い社会復帰と、実利の獲得を目標としています。

7000ページを超える圧倒的なコンテンツの情報発信で、交通事故外傷と後遺障害に迫ります。
ホームページによる情報発信と無料相談メールのNPO活動は、10年目に突入します。

「加害者や保険屋さんに誠意を求めるのは、
八百屋さんで魚を買い求めるに等しい！」
と一刀両断に斬り捨てています。

被害者は、実利の獲得に向けて、
Study & Stand Together！
学習して、共に立ち上がるのです。そのための支援は惜しみません。
詳しくは、以下のサイトをご覧ください。
URL　http://www.jiko110.com

jiko110.com「交通事故110番」

住　所　〒520-0246　滋賀県大津市仰木の里6丁目11-8
ＴＥＬ　077-571-0600　　ＦＡＸ　077-571-6155
ＵＲＬ　http://www.jiko110.com　　メール　info@jiko110.com
責任者　宮尾　一郎

イラスト　齋藤　徹

交通事故外傷と後遺障害全322大辞典Ⅰ
精神・神経系統の障害／頭部外傷・高次脳機能障害／
眼の障害

2016年11月15日　初刷発行

著　者　Ⓒ宮尾　一郎
発行者　竹　村　正　治

発行所　株式会社かもがわ出版
　　　　〒602-8119　京都市上京区堀川通出水西入
　　　　TEL 075（432）2868　FAX 075（432）2869　振替01010-5-12436
　　　　ホームページ　http://www.kamogawa.co.jp/

印　刷　シナノ書籍印刷株式会社

ISBN978-4-7803-0867-9　C3332

著作権者　NPO jiko110.com「交通事故110番」
Ⓒ 7/may/2009 NPO jiko110.com Printed in Japan
本書は著作権上の保護を受けています。本書の一部あるいは全部について、NPO jiko110.comから文書による承諾を受けずにいかなる方法においても無断で複写、複製することは禁じられています。